LISTE ALPHABÉTIQUE

DES

BLESSÉS SOUS PARIS

PENDANT LA PÉRIODE DU SIÉGE

(18 Septembre 1870 — 28 Janvier 1871)

PARIS

BUREAUX DE LA BIBLIOTHÈQUE GÉNÉRALE

1, RUE MÉHUL, 1

Au coin de la rue Neuve-des-Petits-Champs, en face du Théâtre-Italien
(Au premier)

Chez M. J. MOLLIE,	Chez M. Th. MASSART,
Libraire-Éditeur,	Imprimeur-Libraire,
Boulevard Saint-Germain, 131,	Rue du Bac, 104,
Près l'église St-Germain-des-Prés.	Faubourg Saint-Germain.

1871

LISTE ALPHABÉTIQUE

DES

BLESSÉS SOUS PARIS

pendant la période du siége

(18 SEPTEMBRE 1870 — 28 JANVIER 1871)

Abadie, (3).
Abaul, J.
Abbadie.
Abeille, H.
Aboue.
Abry, F.
Aburel, J.
Achard, (3).
Acier, Y.
Adam, (3).
Adde, L.
Adeline, J.
Adhémar.
Admar, J.
Admard, J.
Adnot, A.
Adolphe, A.
Afroid, L.
Agerant, L.
Agier, J.
Agnès, (2).
Agostin, F.
Agostini, J.
Agrenier, J.-A.
Aguet, F.
Aguilhon, J.
Aiguillon.
Aignon, F.
Ain, A.
Aladenise, P.
Alajetto, J.

Alis, V.
Allain, J.
Alard, P.
Alari.
Alarine, P.
Alasjon, A.
Alasseur, E.
Alba, A.
Albert, (3).
Albuchet, E.
Alcide, G.-A.
Alexandre, (2).
Alexi, C.
Alexiade, V.
Alezo, J.
Alibert, L.
Aline, J.
Allary, L.
Aileaume, (2).
Allégou, L.
Allemand, A.
Allier, J.
Alliot, (2).
Allouize.
Alluson, A.
Alno, D.
Alongue, A.
Alphandéry, J.
Alphonsy, M.
Amaguon, J.
Amard, E.

Amat.
Ami, P.
Amiel, (2).
Amiet, L.
Amisse, A.
Amoignon, C.
Amouroux, C.
Amyot, E.
Anastasie, L.
Ancelin, M.
André, (4).
Andrieux, L.
Aneuse, J.
Aufray, L.
Angelini.
Angelvin.
Anger, E.
Anglard, J.
Angot, E.
Ansel, A.-J.
Antoine, (4).
Antomarchi, V.
Antoni.
Anustoï, P.
Appert, P.
Aprolifmann.
Aquillon.
Arago, J.
Arbelantd, N.
Arbin, V.
Arbod, A.

Archerot, J.
Ardit, E.
Ardoin, J.
Ardouin, A.
Aret.
Argault, E.
Argent.
Arien, A.
Arieu, H.
Aristippe, F.
Arlosbos, G.
Armand, J.
Arnal, V.
Arnaud, (6).
Arnaudeau, E.
Arnaudet, P.
Arnauld.
Arnault, J.
Arnaut.
Arnaux.
Arnould, E.
Arnoult, L.
Arnoux, (2).
Arrignon, L.
Arrivat, C.
Arrivet, J.
Arrognion, P.
Artigue, F.
Arzum, J.
Ascouet, L.
Asfeaneatz, (2).
Assabar, V.
Assailly, A.
Asseau.
Asselin, J.
Asseline, L.
Assibat, P.
Astruc, B.
Athatcegny.
Atone, J.
Attrappi.
Auberliz, J.
Aubert, (4).
Auberty, J.
Aubéry, S.
Auby, M.
Aubry, (2).
Auchard, A.
Auclerc, A.
Auclère.
Audiger, P.
Audigier, J.
Audin, L.
Audoine, A.
Audon, J.
Aufert, L.

Auffray, J.
Augear, A.
Augé, J.
Auger, (3).
Augis, D.
Auguez, S.
Auguin, L.
Augustin.
Aulas, (3).
Aumenès, J.
Aumont, H.
Aupetit, (3).
Auriol.
Ausat, A.
Austigier, E.
Autin, J.
Auvray.
Auzanneau, F.
Aviron, A.
Aviz, A.
Avril, (2).
Ayoul, J.
Azan, J.
Azimont, L.
Azolant.
Azon, J.

Babani, A.
Babillot, B.
Bachelier, H.
Bachellory, J.
Bacheren, A.
Bachoux, (2).
Baclet, F.
Baconier, P.
Bacoulon.
Badin, L.
Bacris.
Bafiauld, E.
Bafon.
Bagin, E.
Baglie, A.
Bagney.
Bagours, J.
Bahay, J.
Baigergue, B.
Baigne, A.
Baigneux, J.
Bail. (2).
Bailinard, J.
Baille, B.
Bailly, (4).
Baizam, I.
Balade, J.
Balogni, J.
Balavoine, J.

Balay, (2).
Balix, M.
Ballaire.
Ballandie.
Ballet, J.
Ballière, J.
Balon.
Bals, (2).
Balse, H.
Banol.
Bantard, F.
Bautons.
Baptiste.
Baradon, P.
Baral. L.
Baratte, C.
Barban, A.
Barbarin.
Barbau, A.
Barbe, J.
Barbé, A.
Barbet, (2).
Barbedette.
Barbier, (4).
Barbot, (2).
Barbouty.
Barde, F.
Bardet.
Bardetti, L.
Bardin, (2).
Bardiot.
Bardollel, J.
Bardou, E.
Baretti.
Bargeon, G.
Barhalon.
Barillet, M.
Barillier, (3).
Bario.
Bariot.
Barjeau, G.
Barlo.
Barner, P.
Barnollet, G.
Baron, (3).
Barral.
Barran, (2).
Barrandouze.
Barrant.
Barraudon, G.
Barrault, (2).
Barre, F.
Barrer, E.
Barrère. J.
Barret, (2).
Barrety, R.

Barrière, (2).
Barris, J.
Barry, E.
Bars, F.
Barsa.
Bart, A.
Barte, A.
Barthe, (4).
Barthélemy, (6).
Bartholome, (2).
Bartholon, A.
Barthouil, J.
Basco, M.
Basin, B.
Bassan, J.
Bassel, C.
Basselery, L.
Basset, (3).
Bassin, J.
Bastien, (2).
Bastion, L.
Bataille, J.
Batard, J.
Batault, A.
Bathol, J.
Bati.
Batisse, E.
Baucey, P.
Baucheron, J.
Baudaut, E.
Baude, J.
Baudet, C.
Baudier, J.
Baudin, (3).
Baudinière, L.
Baudiniez, P.
Baudinot, P.
Baudoin, (2).
Baudot, J.
Baudry, J.
Baufay, V.
Baufroy, B.
Baugé, J.
Baugier, P.
Bauharler.
Baujomes, J.
Bauld, N.
Baume, P.
Baumgartner, J.
Baur, E.
Baures, P.
Baussac.
Bautruche, J.
Bavard, C.
Baverel, J.
Bavard, J.

Baylac, (2).
Bayle, C.
Bayot, A.
Bazana, J.
Bazin, (2).
Beaucerf.
Beauchamps, F.
Beaudeville.
Beaudin, T.
Beaudinet, V.
Beaudroit, L.
Beaufils, L.
Beaufrère, (2).
Beaugency.
Beaugendre, G.
Beauger.
Beaupré, L.
Beauton, D.
Beauval, F.
Beauvalet, D.
Beauvioux, J.
Beauvois, H.
Bec, L.
Becce, J.
Becd, L,
Béchet, (2).
Becker, (3).
Becque.
Bécu.
Bédard, (2).
Bédu.
Beget, L.
Bégré, V.
Beigné, T.
Beinchanbach, C.
Beisse, C.
Bel, J.
Belan, J.
Belier, P.
Belin, (2).
Bélivier, A.
Bellangé.
Bellanger, P.
Bellard, E.
Bellec, L.
Bellemain, F.
Bellendy, J,
Bellevoix, P.
Bellecz, J.
Belliard, L.
Bellier, V.
Belloc, L.
Bellon, (2).
Belou, G.
Belorge, S.
Belorget, S.

Bel Rassem-Ben-Ta-
  har.
Belveyre, L.
Belvoix, P.
Bénard, (5).
Benas, J.
Benazet, (2).
Benech, P.
Benedetti, (2).
Beneget, H.
Benet, C.
Bénézet, J.
Benieux.
Benigni.
Béninzet, F.
Benoist, (4).
Benoît, (4).
Benot, L.
Bentz.
Berancenez, F.
Berand, B.
Béranger, (4).
Bérard, (3).
Berc, L.
Bercher, A.
Berchoux, P.
Beréchard, F.
Bérens, D.
Beret, J.
Berge.
Bergé, F.
Bergeon.
Berger, (2).
Bergerand, E.
Bergère, J.
Bergeron, J.
Bergette.
Beriens, D.
Bériot.
Berland, J.
Berlin, C.
Berliez, F.
Bermond, J.
Bernaix, A.
Bernard, (11).
Bernardeau.
Bernardin, (3).
Bernardini, N.
Bernardon, H.
Bernelas, F.
Bernet, (2).
Bernichat, P.
Bernier, L.
Bernis, F.
Bernoïde, B.
Bernon, A.

Bérot, J.
Berr, F.
Berre, J.
Berrod, J.
Berru, P.
Berry, J.
Bersac, M.
Bert.
Bertei, A.
Bertemont, V.
Berthauch.
Berthe, (3).
Berthéras.
Berthevat, E.
Berthevos.
Berthier, (4).
Berthiet, J.
Berthelin, C.
Berthomieu, L.
Berthon.
Berthonat.
Bertier.
Bertin, F. (5).
Bertois, (2).
Bertar, A.
Bertrand, (6).
Bertrant, C.
Bès, P.
Besche, (2).
Bescon, J.
Besnard, (3).
Besnardeau, (2).
Besnus, H.
Besombes, J.
Bessan, A.
Bessard, E.
Besse, P.
Bessezat, E.
Bessière, L.
Besson, (2).
Betheves, E.
Beudin, F.
Beugé.
Beuil, P.
Beurcq, J.
Beurric.
Beus, A.
Beuve.
Bevalot, L.
Beynel, F.
Beyrolles, L.
Bezard, J.
Bezi, J.
Beziste, G.
Bezotas.
Biagaud, J.

Bianchard, A.
Biara, B.
Biard.
Bibet, (2).
Bichat, F.
Bidault, (2).
Bidaut, B.
Bidet, L.
Bidot, C.
Bidu, J.
Bignon, J.
Bigot, J.
Bihane.
Billant.
Billard, (4).
Billau, P.
Billaud, (2).
Billebault, P.
Billion, J.
Billon, (3).
Billot, (2).
Bilotte, X.
Bimet, E.
Binsot, J.
Bion, (2).
Bionne, H.
Biot, A.
Biron.
Biros, J.
Biscarel, A.
Biscon, F.
Bissat.
Bisson G.
Bize, (3).
Blacher, A.
Black, H.
Blain, (2).
Blaineau.
Blanc, (5).
Blancé.
Blanchard, (7).
Blanchet, (5).
Blandeau, E.
Blandin.
Blanpied.
Blanvillain, A.
Blavier, F.
Blayac, (2).
Blavat, L.
Blazy, F.
Bleuyar, M.
Bleuze, P.
Bleyer, C.
Bloas, D.
Bloch, N.
Blondeau, (4).

Blondel, J.
Blons.
Bloum, G.
Bloy, J.
Bluché, J.
Bobrot, J.
Bochet, T.
Bocquet, P.
Bodet.
Bodille, A.
Bodin, (2).
Bodineau, A.
Bodoviller.
Bohic, J.
Bohler, (2).
Boidé, L.
Boidreau, F.
Boil, F.
Boinet, N.
Boirie, J.
Boisse, J.
Boisseau, P.
Boissel, E.
Boisselot, C.
Boisset.
Boissier, L.
Boisson, F.
Boisteled, L.
Boitelet.
Boivin, (2).
Boizaine, A.
Boizard, L.
Bole, P.
Bollard.
Bonabo, P.
Bonard.
Bonavant, E.
Bonde, A.
Bondin, P.
Bondon, S.
Bone, F.
Bonidal, P.
Bonin, (4).
Bonnal, (2).
Bonnard, (3).
Bonne, F.
Bonneau, L.
Bonneaux, L.
Bonnefond, (2).
Bonnefoy, A.
Bonnet, (2).
Bonnetti, B.
Bonnie.
Bonnin, A.
Bonnomot, H.
Bonnot, (2).

Bonte, J.
Bonté, S.
Bontemps, N.
Boquet, E.
Bordarier, F.
Bordeaux, P.
Bordelave, A.
Bordenave, J.
Bordereau.
Bordet.
Boré, P.
Borgey, A.
Bories, F.
Bormann, V.
Bormans, (2).
Bormant, V.
Bornard, A.
Borson.
Boscher, D.
Boscher de Langle.
Boscheron, E.
Bosquant, M.
Bosse, (2).
Bosseno, J.
Bossus, E.
Bothorel, A.
Bothos, Y.
Bouar, E.
Bouat, M.
Boubaque, J.
Boucard, P.
Boucé, L.
Bouchard, (2).
Bouchardon, V.
Bouchaud, A.
Bouche.
Bouché, A.
Bouchemon, N.
Boucher, (5).
Boucherou, (2).
Bouchon, A.
Bouclevi.
Boudant, C.
Boudet, (2).
Boudin, L.
Boudineau, P.
Boudon, S.
Boudrier, A.
Boufet, A.
Bouffé, A.
Bouffite, L.
Boufflet.
Bougier, P.
Bougoin, L.
Bouillon, (2).
Bouilloux, F.

Bouisson, A.
Boujones, J,
Boulanger.
Boulard, J.
Boulet, A.
Boulion, F.
Boulique, A.
Boumeuf, J.
Bounès, J.
Bouquet, J.
Bouquin, J.
Bour, P.
Bourbon, (3).
Bourdeau.
Bourdelais, C.
Bourdelar, J.
Bourdelier, J.
Bourdelon, L.
Bourdet, (3).
Bourdier, A.
Bourdillat, H.
Bourdin, (4).
Bourdon, F.
Bourenneau, L.
Bourganol, F.
Bourgeois, (2).
Bourgeat, P.
Bourger, A.
Bourget, N.
Bourgneuf.
Bourgom, (4).
Bourgon, J.
Bourguin, E.
Bourillon.
Bouris, M.
Bourloir.
Bournachon, A.
Bournat, F.
Bournot, A.
Bouron, X.
Bouronneau, L.
Bourquet, Y.
Bourret, A.
Boursicaud, H.
Boursou, A.
Bourton, (2).
Bourvelet, V.
Bousan.
Bousignac, H.
Bousquet, F.
Boussandin, J.
Boussignac.
Boutard, P.
Bouteiller, (2).
Bouthet, E.
Boutin, A.

Boutinard, J.
Bouton, L.-A.
Boutru, H.
Bouvard, E.
Bouvier, (7).
Bouvriot, D.
Bouysse, A.
Bouziot, N.
Bouzy, J.
Boy, T.
Boyer, (7).
Bozelot, C.
Brachet, C.
Brajeon, L.
Branchard, G.
Branche, A.
Braonez, F.
Brard, (2).
Brason, L.
Brassey, J.
Brat, A.
Bravard, B.
Brayat, A.
Brebant, F.
Brechemier, P.
Brechet, J.
Bréchot.
Bréhier, J.
Brejean, A.
Bremont, J.
Brenac, J.
Brenier, J.
Bretagnon, M.
Bretenaud, P.
Breucq, P.
Breuil.
Brévant, F.
Bri.
Bria.
Briand, R.
Brias, A.
Bridoux, J.-V.
Bridy, J.
Briens.
Brière, A.
Brieu, F.
Briffault, V.
Brionau, G.
Briotet.
Brisset, E.
Brissot, J.
Broca, N.
Brocard, N.
Brochet.
Brochier, J.-P.
Brœssel, G.

Brohaire, J.
Brohand, (2).
Brobant.
Brohen. P.
Bronchage, E. (2).
Bronchin.
Bronner, J.
Brossa, F.
Brossard, (3).
Brosseau, G.
Brossel, P.
Brossuer, A.
Brot.
Brouard, J.
Broussin, A.
Broutard, L.
Bruant, J.
Bruchot, A.
Bruel, C.
Bruge. L.
Brugère, A.
Brugnon E.
Brugnot.
Brun, (4).
Brune, (2).
Bruneau, J.
Brunel, (2).
Brunet, (4).
Bruniau, Y.
Brunneau, (2).
Bruno, C.
Brunon A.
Brunot, F.
Buchet, J.
Bucchini, F.
Buévoz, L.
Buffa, J.
Buffarp, V.
Buffet, E.
Bugnet, P.
Bugot.
Buhi, M.
Buignet, A.
Buisson, (2).
Bultel, V.
Bultez, C.
Bunlon.
Bureau, (5).
Burel, (3).
Burg, J.
Burgain, J.
Burger, (2).
Burgère, A.
Burnel.
Buruet, (3).
Buron, C.

Buroul, A.
Busher, B.
Bussac, C.
Busson, T.
Bussy.
Buttafoco, E.
Butteinger.
Buty, J.
Buzier.
Buzot, N.
Byrmaker, E.

Cabasson, C.
Cabiraud, J.
Cabiron, J.
Caboche.
Cabot, P.
Cadart. M.
Cadillat, (2).
Cadilhon, B.
Cadion, (2).
Cadiot, L.
Cadra, P.
Caen.
Cahen, (3).
Cahier, N.
Caillabat.
Caillatre.
Caillet, (2).
Caillot, H.
Caince.
Caire, E.
Cal.
Calais, H.
Calande, P.
Calière.
Calippe, (2).
Callé.
Callière.
Callon, J.
Calmet, H.
Calmette, A.
Calsaroni, J.
Caltron. G.
Calvet, J.
Calvez, J -F.
Calvier, F.
Calzaroni, J.
Cambet, F.
Cambert. A.
Cambon. H.
Campion, V.
Camus. (3).
Camuset. H.
Camuzat, P.
Canard, C.

Cauce, G.
Caneau, V.
Caneri, C.
Canivet, L.
Canu, L.
Cannet, J.
Cansbe.
Canta, E.
Cantel, Ch.
Capgrand, A.
Capillet, F.
Capiré, E.
Capot, J.
Cappel, M.
Carado, M.
Carafe.
Carbonne, J.
Cardeuec.
Cardeur, J.-C.
Cardinal, C.
Cardipal, N.
Cardon, F.
Cariot, J.
Caritté, J.
Carkourke, L.
Carle, L.
Carlier, L.
Carlon, G.
Carniquet, M.
Carof, H.
Caron, J.
Caronge, E.
Carpechast, J.-G.
Carpentier, A.
Carrain, D.
Carré, (4).
Carrère, (2).
Carret, G.
Carricabure, B.
Carrière, J.
Carteaux, L.
Carteron, E.-A.
Cartier, A.
Cartignié, L.
Cartrot, J.
Carvent, A.
Case, P.
Casenave, E.
Casenave, P.
Cassagnet, J.
Cassède, P.
Castagnet, J.
Castaine, P.
Castanet, A.
Castelli Schuemacher
Castenet, L.

Castères, G.
Castille, C.
Castillon, J.-B.
Castrie, J.-F.
Catard, J.
Catillon, J.-B.
Catin, P.
Catonnet, (2).
Cattin, X.
Caubet, F.
Caulier, C.
Caumont, E.
Causse, H.
Cautin, J.
Cauvin, (2).
Caval, V.
Cavellini.
Cavironne, F.
Cayat, J.
Cayen.
Cayret, L.
Cayron, C.
Cazat.
Caze, E.
Cazebonne, J.
Cazenave.
Cazeras, E.
Cazet, J.
Cazin, P.
Ceillier, A.
Celle, C.
Celliot.
Cendrier, N.
Cerisier, J.
Cerolet, L.
Certain, J.
Chabassier.
Chabaud, J.-B.
Chabeau, J.
Chabiraud.
Chabot, (2).
Chabrier, J.
Chabriet, J.
Chagnon, J.
Chaillan, M.
Chaillot, P.
Chairgeaux, N.
Chaix, (2).
Chalas, J.
Chalençon, G.
Chalet, G.
Chalin, J.
Chalamel, V.-F.
Chalopin.
Chalot,
Chalvet, J.

Chalvy, L.
Chambard, A.
Chambessert, P.
Chambon, H.
Chambonnier.
Chambrau.
Chamonnot, P.
Chamoreau, M.
Champarnau.
Champeaux, L.
Champion, (2).
Chancel.
Chanez, H.
Changeur, J.
Changeux, C.
Changin. C.
Chanin, C.
Channaux.
Channonier.
Chanonier.
Chanouin, J.-P.
Chantepy, A.
Chantrel, D.
Chanussot, J.
Chanut, J.
Chapelle, A.
Chapion, J.-B.
Chapny, J.
Chappart, J.-L.-F.
Chappi, C.
Chapuis, (4).
Chapy, F.
Chaquenot, L.
Charain, J.
Charbonneaux, L.
Charbonnier, (2).
Chardier, P.
Chardon, (3).
Chardonot, D.
Chardron, P.
Charier.
Charles, (2).
Charlet, (2).
Charlier.
Charmet, J.-F.
Charmetun, L.-J.
Charnéac, V.
Charnot, P.-F.
Charon, J.
Charpentier, A.
Charrières, J.
Charron, (3).
Charrouin, J.-P.
Charru, (2).
Chartier, A.
Charton, (3).

Charuau, L.
Chasles.
Chassac, P.
Chassagne, J.
Chassagny, J.
Chassaignon, P.
Chassaraing, A.
Chasselin, J.
Chassenet, J.
Chassepous, E.
Chassin, G.
Chassin, J.
Chastel, C.
Châtagnaux, R.
Chatal, L.
Chateau.
Chateau, L.
Chatelier, L.
Chatinel, A.
Chatriot, V.
Chaublanc.
Chaucourt, A.
Chaude, C.
Chauduc, J.
Chaulet, T.
Chaumette, P.
Chaumont, A.
Chaunier, Fr.
Chausse J.-G.
Chautemps, M.
Chauvelot.
Chauvet, (2).
Chauvière, L.
Chauvin, (4).
Chauvot, L.
Chavrache, (2).
Chavrot, D.
Chazotte, A.
Cheautemps.
Chebrou, A.
Cheix.
Chemin, (2).
Cheminant, A.
Chemineau, F.
Chenelle.
Chenevas, C.
Chennevières, J.
Chenot, E.
Chenu, C.
Cheny.
Chéramy, A.
Cherny, A.
Chéron, (2).
Cherny, A.
Chervé.
Chervy, L.

1*

Chesuel, **P.**
Chetteau, J.-A.
Cheval, P.
Chevalier, (5).
Chevalier Isly, J.
Chevallier.
Chevalot A.
Chevarigni, **A.**
Chevart, V.
Chevauchery, J.
Chevenet, E.
Cheviot.
Chevolan, L.
Chevreau F.
Chevreuil, L.
Chevrian, J.
Chevriau.
Chevrissol, H.
Chevron, J.-A.
Chicois, J.
Chieza, P.
Chièze, P.
Chillard.
Chisson, J.-L.
Chivé, L.
Chivel, J.
Choblet, P.
Chollet, A.
Chollot, L.-A.
Cholton.
Chosset, E.
Chonbley, J.-B.
Chouzan, P.
Chovrol, D.-L.
Chrétien, L.-F.
Christophe, E.
Christin, E.
Chupin, E.
Churé, L.
Chux, E.
Cieutat, B.
Ciolat, B.
Ciotat, L.
Ciré, E.
Ciustat.
Clabaut, D.
Clairet, A.
Cloirin, J.
Clairot.
Clairval, E.
Clapier, J.-B.
Clarey, L.
Claude, (2).
Claudé. F.-E.
Claudet, S.
Claudot. P.

Clausade, B.
Clausse, I.
Clavaud.
Clavel, (5).
Cléard, M.
Clech.
Clèche, P.
Cleizergues, F.
Clemeau, A.
Clemenceau.
Clemencin, F.
Clemendot, E.
Clément, (7).
Clerc, (2).
Clere, L.
Clergue, A.
Cléron, J.
Clitius, H.
Cloarec, J.-M.
Clotrier, G.
Clou. J.
Clouet, J.
Cloupe, B,
Cloux, F.-M.
Clozenier, B.
Cocagne, J.
Cocaud. P.
Cocaux, L.
Cochard, M.-N.
Cochin, J.
Cochois, J.-V.
Cochu, (2).
Codal. J.-L.
Codrons, H.
Cœurce, J.
Cœurnu, E.
Cognet, F.
Coiffé.
Coifflet, A.
Coilli, M.
Coilland, J.-M.
Coilmette, A.
Coin, A.
Coindreau, J.-M.
Coinet. J.
Coint. F.-J.
Coimel. A.
Cointepas, E.
Colas, (5).
Colet.
Colin. (3).
Coll. A.
Collambier, R.
Collard, M.
Collas. J.
Colleneau, J.

Collet, (2),
Collete.
Colleter.
Collin, (2).
Collinet, E.
Collion, L.
Collomb, P.
Collot, J.
Colmaché, J.
Colmé, A.
Colombat, L.
Colombel.
Colombert, A.
Colombi, D.
Colombier, J.
Colon, F.
Colpin, E.
Coltrot, P.
Comajer, J.
Comas, C.
Combaz, C.
Combeau.
Combe, (3).
Combes, A.
Combradet, P.
Combralier, E.
Côme, L.-A.
Comme.
Commége, J.-P.
Commell, E.
Commode, J.
Comot, V.
Compas, H.-N.
Conan, (3).
Conard, E.
Concile, N.
Condalive, J.
Congnard, J.
Conne, B.
Connort, L.
Conrade.
Constant, (3).
Constanciaux, **P.**
Constant, M.
Constantin, Th.
Contard, J.
Conté, J.
Contelas, E.
Contesse, J.
Contrant, J.
Contremoulin.
Contureau.
Cooren, V.
Coppin, L.
Coquenaud, L.
Coquot, H.

Coquron, P.
Cordeau, L.
Cordès, H.
Cordier, (4).
Cordini, J.-M.
Cordonnier, A.
Corjus, E.
Cornier, (3).
Corne, J.
Cornebise, F.
Cornec, (2).
Cornet, (3).
Cornibert.
Cornier, A.
Corniguet.
Cornubert, J.-E.
Corette, A.
Corric, P.
Corrilion, B.
Corset.
Corteron.
Cortot, B.
Cosquer, J.-M.
Cosquier, J.
Cossin, E.
Cosson, E.-A.
Costard, P.
Coste, (2).
Costenoble, R.
Coster, A.-L.
Costet, F.
Costin, J.
Coton, G.
Cotrot, P.
Cottig, P.
Cottin, (3).
Cottrot, P.
Couadon, J.-M.
Couche, J.-B.
Couchit, P.
Coudert, L.
Coudoux, F.
Coudray, (2).
Coué, F.
Cougiani, M.
Cougnar, J.
Couillaud, F.
Couillen, A.
Coulais, F.
Coulaud, F.
Coulon, (3).
Coupard.
Coupart, E.-M.
Coupi, J.
Coupel, J.-M.
Coupet, J.

Couraudon, J.
Courbeau.
Courbon, A.
Courodou, J.
Courreaux.
Coursin.
Court, I.
Courtant.
Courteau.
Courtelemon, A.
Courtois, L.
Cousseau.
Cousin, (4).
Cousinard, J.-E.
Cousseau, J.
Coutant, (2).
Coutel, E.
Coutelas, E.
Coutelle, (2).
Coutiol, J.
Couturier, (7).
Cöuvert, P.
Couvrand, E.
Cozette, E.
Cozic, (2).
Cozigou, L.-M.
Cramois, Fr.
Crebassa, A.
Créhange, A.
Crenn.
Crenne, O.
Creno, C.
Crépin, P.
Crervel, L.
Créteur.
Creusard, J.
Creuset, J.-P.
Crinon, A.
Cristophle, J.
Croguenes, G.
Croix de Castries, J. de la.
Crolbeau, E.
Croquet, D.
Cros.
Crosnier, (2).
Crouzet, F.
Crouzon, L.
Croyable, J.
Croyard, J.
Crozet, M.
Cubezou.
Cugniet, F.
Cuisinier, C.
Cuisinniés, C.
Culcain, L.

Culquin. L.
Culot, Ern.
Curieu, Ch.
Custer, F.
Cuyard, E.

Dabes, J.
Dabo, M.
Dachard, A.
Dachet, X.
Dagin, F.
Daguer, A.
Dainat, J.
Daire, J.
Dale, A.
Daléac, P.
Dalery, P.
Dalix, J.
Dalo, M.
Daluct, A.
Dambret, E.
Damez, J.
Damiens, A.
Damiron. L.
Dande, J.
Danet, P.
Dangard, J.
Danglard, J.
Daniaud. J.
Daniel, (4).
Danieu, A.
Danoir.
Dant, A.
Dantin, L.
Danyl, A.
Daprat.
Daragon, V.
Darasse.
Dardier, J.
Dargent, J.
Daribère.
Dartel, J.
Dariet, A.
Darieu, E.
Darigenf, G.
Darnez.
Darolles, L.
Darrien, E.
Darrigues, G.
Daroussier.
Dartois, A.
Daubenfeld, J.
Daubert, E.
Daumont, C.
Dauphin, C.
Daurédeaux, L.

Dauros, M.
Dautelle, E.
Dauvé, J.
Davan, E.
Davau, P.
Daverat, J.
Daviaut, V.
David, (4).
Davrainville, E.
Debac, A.
De Bar, J.
Debast, F.
De Belzunce, (2).
De Benoist.
De Béon, F.
De Béru, V.
Debolin, P.
Debonnaire, L.
Debord, J.
Debos.
Debrieux, J.
Debroas, A.
Debus.
Decagny, L.
De Cambray, H.
Decastner, F.
Decharger.
De Chatillon.
Decla, P.
Decorte, A.
Decot.
Decous-Lapérière.
Decroux, E.
Deculti, F.
Dedieu, J.
Dedolin, P.
Defer, H.
Deffeailler, L.
Defontaine.
Defosseuse, N.
Defraiche, P.
Degage, E.
Degeilh, A.
Degeorges, A.
Deglanne, J.
Degond, L.
Deguilhem, I.
Dehayes, L.
Déjaret.
De Jolimère.
De Kérolan. R.
Delaborde.
Delabrière, V.
Delachaud, J.
Delacour, L.
Delage, J.

Delahaie. J.
Delahay, J.
Delahaye, P.
Delahayes, A.
Delalecon, J.
Delamare, A.
De Lamarte, F.
De la Motte-Fénelon.
Delanges, H.
Delangle, J,
Delaporte, J.
Delarme, E.
Delaruel, R.
Delasalle.
De la Taille.
Delataile. P.
De la Teulle.
Delaunay, (7).
Delavenne.
Delbar, E.
Delbecq, J.
Delbos, P.
Delbrel, F.
Delby, L.
Delcamp.
Delcayre.
Delerme, G.
Delespinasse.
Deleuzin, A.
Delforges, J.
Delfous, A.
Deléac, M.
Deligne.
Delille, P.
Delmas, (4).
Delmand, F.
Deloin, E.
Delombre, P.
Delor, E.
Delorme, (2).
Delou, C.
Delpeich.
Delpeche, A.
Delplank, J.
Delplanque.
Delport.
Delreysse, F.
Delrieu, J.
Delsuc, P.
Delune, C.
De Machy, G.
Demagny, B.
Demanche.
De Marconetz.
Demas, F.
Demauny, L.

Demau, (3).
Demeult, J.
Demolière. B.
Demouy.
Demynot, F.
Denault, C.
Denien, J.
Denis, F.
Denizot, F.
Denizot, E.
Denlette, B.
Denos, A.
De Parseval, F.
Dépêche, C.
Depeine, P.
Depleusen.
Deponteau, P.
Depoter, C.
Derbecourt, H.
De Réals.
De Renvergé, A.
Derian, J.
De Rieux.
Derieux, G.
Dernon, G.
Derry, C.
Dervaux, A.
Desabaye. F.
De Saint-Gresse, M.
De Saint-Jouan, J.
Desaudet, J.
Désauté, F.
Desbaulieu, G.
Desbeaulieu, G.
Desbois, M.
Desbore, D.
Deschamps, (7).
Deschartre, G.
Descouans, (2).
Descours, G.
Descoville, H.
Desfontaines, C.
Desforges, J.
Deshaye, A.
Deshayes, A.
Desjardin, J.
Desmeurs, J.
Desmoges.
Desnier.
Desoudin, J.
Desportes, J.
Després, J.
Despresle, A.
Desprez. H.
Desprost, D.
Despujols, J.

Desseroy, J.
Destet, L.
Destin, J.
Desvignes, J.
Dethon.
Detourleet, A.
Detremadon, T.
Deutsch, J.
Devaux, (2).
Devesly, A.
Devienne, J.
Devillard, H.
Devillette, F.
Devinault, P.-E.
Devlyton.
Devoize, P.
Dey.
Deyris, A.
Dézieux, J.
Didillon, L.
Didion, J.
Didry, L.
Dielville, J.
Dien, O.
Diet, J.
Diétrich, G.
Dieu, J.
Dieudonné, (2).
Digard.
Diguebault.
Dinaët, F.
Dinacte, F.
Dinot, F.
Dion, (2).
Diré, A.
Dissé.
Disesse, J.
Ditsch, J.
Divos, A.
Dley, E.
Dobov, S.
Docminy.
Dode, C.
Dode, J.
Dodon, F.
Doïdu, A.
Doineau, F.
Dolaville.
Domeinger, F.
Domini, C.
Dominice, A.
Dop, J.
Dorgenton, L.
Doridant, C.
Dorier, A.
Doris.

Dorvidal, J.
Douare, J.
Doublet, L.
Doucet, A.
Doucet, T.
Doucz, A.
Dougimont.
Douillard, J.
Douillet, M.
Doumergue, A.
Dourlens, J.
Dourneau, J.
Doussot, E.
Doutet, S.
Doutreveaux, V.
Douvier.
Dragon, V.
Drapeau, (2).
Drapier, (2).
Dréan, J.
Dréclot.
Dredet, E.
Dreyer, A.
Drivon, M.
Droin, E.
Dromont, P.
Drouard.
Drouet, E.
Drouin, (2).
Drouot, H.
Drugeon.
Druotol, P.
Dubail, J.
Dubain, A.
Duberger, P.
Dubillot, J.
Dublonnere, J.
Duboc, E.
Dubois, (8).
Dubonnet.
Dubos, C.
Duboscq, A.
Dubreuil, C.
Dubriel, P.
Dubuc.
Dubuisson, (3).
Duc, J.
Ducamp, M.
Ducap, M.
Ducatez, H.
Duchailu, J.
Duchalu, J.
Duchamp, E.
Duchesne.
Duchène, E.
Duchesnoy, J.

Duclos, (2).
Duclouis, L.
Ducos, M.
Ducrenet.
Ducroc, C.
Ducros, A.
Ducrot, L.
Dufour, (3).
Dufourcq.
Dufour de Loubouet.
Dufoy, L.
Dugas, J.
Dugat, M.
Dugenette, L.
Dugit-Chazel, M.
Dugleux, L.
Dignet, E.
Dugourd, L.
Ducuié, J.
Dudicourt, D.
Dudouit, A.
Dudeun, N.
Ducz, H.
Dufay, C.
Dufeu, L.
Dufeut, P.
Duflos, (2).
Duflot, H.
Dufloux.
Duhamel, A.
Duhem, U.
Duillier, C.
Dujardin, (4).
Dulac, C.
Dulhu, J.
Duloroy, C.
Dulotet, L.
Duluart, L.
Dumaine, J.
Dumas, (3).
Dumay, L.
Dumazert, E.
Dumez, R.
Dumieix, F.
Dumont, (3).
Dumoulin, J.
Dumoutier, J.
Dupé, L.
Dupeiron, J.
Dupersey.
Dupin, (4).
Dupin des Vastines, G.
Duplant, D.
Dupont, H.
Dupony, J.
Duport, J.

Dupot, B.
Dupouille, J.
Dupoux, D.
Dupra, J.
Duprat, (2).
Dupré, A.
Dupressi, J.
Dupressy.
Dupuis, (3).
Dupuy, A.
Dupuys, H.
Duquénois, C.
Duranceau, J.
Durand, (7).
Durandet, J.
Durat, J.
Durel, J.
Durenberger, G.
Duret, (3).
Durey, J.
Duriez.
Durofour, J.
Duroil, A.
Duron, J.
Duros. P.
Durouix, A.
Duroux, P.
Durozé, J.
Durr, D,
Durut, C.
Dury, S.
Dussaussey.
Dussaussort, E.
Dussent, J.
Dussuteur.
Duteil.
Duthoil, R.
Duthoit, P.
Dutosier, R.
Dutremblay, A.
Dutriez, J.
Duval, (6).
Duvallet, P.
Duvau, A.
Duverger, B.
Duverne, J.
Duveron, (2).
Duvezics, P.-L.
Duvignon, F.
Duville.
Duvivier, P.
Duyard, F.

Ecair.
Echampart, J.
Eckstein, B.

Ecrivain.
Edeline, J.
Egasse.
Egly.
Eguillon, J.
Elet, G.
Elz.
Emering, P.
Emery, P.
Emiel, T.
Emonet, A.
Emorot, L.
Empereur, (2).
Enesser, C.
Enet.
Engel, C.
Eonet, J.
Eraut, J.
Eruac.
Erssantier, P.
Escalier, (2),
Escande, P.
Escrivain.
Escure, B.
Esnault, E.
Esnoult, P.
Espagnol, L.
Espaluque, B.
Espinasse, M.
Espunier, L.
Esquerre, P.
Estasse, N.
Etcheverry, (2).
Etevant, G.
Etiouler, X.
Etourneau, (2).
Eve, D.
Exartier, J.
Exertier, P.
Eychen, P.

Fabiani, P.
Fabre, (2).
Fabriès, (3).
Fabry (de), L.
Fages, E.
Fagot.
Faille, J.
Faillères, J.
Faillet, D.
Faisans, J.
Faivre, J.
Fajardier.
Faldez, (13).
Falguet, P.
Falguier.

Falguière, F.
Falhour, V.
Faujat, A.
Farabeuf, L.
Fardes, J.
Fardy, P.
Farge, A.
Farges.
Fargues, A.
Fargues, J.
Farrot, J.
Farsac, F.
Fasquelle.
Fassel, E.
Fau.
Faubert, J.
Fauchard, J.
Faucher, (2).
Faucheur, E.
Fauchey, L.
Faucuit, M.
Faudel, J.
Faugère, P.
Faule, E.
Fauly, F.
Fauqueux, G.
Faure, (4).
Faussard, F.
Fautras, H.
Favarel, J.
Favier, (4).
Favode, F.
Favre, (5).
Favreau, P.
Favret, J.
Fay.
Fayat.
Fayel, F.
Fayer, L.
Fayol, H.
Fazardez.
Feger, G.
Feldenzen.
Felge, J.-F.
Félineau, E.
Fellmann, S.
Fenel, M.
Fenon, F.
Férand, J.
Fère, T.
Ferely, J.
Ferland, P.
Fermier, C.
Fermine, P.
Fernez.
Féron.

Ferrand, (3).
Ferraud, L.
Ferret, A.
Ferrière, J.
Fertil, J.
Fertray, C.
Fétu, A.
Feuilly, A.
Février, V.
Feyton, J.
Fiancette, F.
Fichat, J.
Fichet, G.
Fidlanne.
Fieux, A.
Fièvre, J.
Fiermann, A.
Figeac, L.
Figniels, E.
Filip, L.
Fillins, E.
Filliol, A.
Filout, A.
Fioline, J.
Firmin.
Fischbach, E.
Fischer, (2).
Fissauon, J.
Fissier, L.
Fivu, S.
Flain, F.
Flamand, J.
Flamarion, L.
Flamery, F.
Flandrois, A.
Fleur, E.
Fleuret.
Fleury, (2).
Flinchart.
Floc.
Floch, H.
Floque.
Floquet, J.
Florent, P.
Florentin.
Floury, P.
Flouttet, J.
Flurou, F.
Fondicarpe.
Fontauel, J.
Fontanier, L.
Fontenay, P.
Fonteneau, F.
Forcade, J.
Foré, J.
Forest, L.

Forestier, E.
Foret, (2).
Forfer, E.
Fort, (2).
Fortil, J.
Fortin, J.
Fossat, G.
Fossi.
Fossier, C.
Foucanon, L.
Foubert, L.
Foucad, J.
Foucaux, F.
Fouchet, L.
Foucreau, C.
Foudrinier, G.
Fouet, (2).
Fougeras, B.
Fougerouse.
Fouillet, A.
Fouler, P.
Foulet, N.
Foulon. (2).
Fouquet, (2).
Fourage, (2).
Fourcher, A.
Fourcheron, F.
Fourcoual.
Fouri, J.
Fourmot, L.
Fournalez.
Fournié, T.
Fournier, (3).
Fournin, F.
Fourquin, A.
Fourrage, P.
Fourré, A.
Fozière.
Fraboulet, A.
Fradet, J.
Fragerolles, M.
Fraisse, G.
Framiot.
Francheschi, F.
Francik, O.
François, (4).
Frandel, J.
Franmout, P.
Fraisse, P.
Frebosc, F.
Fréchin.
Frédéric, F.
Frédin, F.
Frélou, L.
Frenet, F.
Frerer.

Fresnais, A.
Fressinet, (2).
Freund, E.
Freyermouthe.
Freyermuth, A.
Frieterich, E.
Frinzenet, A.
Frion, A.
Friot, P.
Frioux.
Fritz, F.
Frochard, J.
Frochet, J.
Froget, L.
Frol, J.
Froment, A.
Fromenteau, J.
Fromont, F.
Froutier, A.
Fuchs, F.
Fulgence, L.
Fure, F.
Furet, (2).

Gabard. Th.
Gabat, F.
Gabeloux, L.
Gabert, A.
Gabet, J.
Gabriel.
Gache, F.
Gachet, (2).
Gadant, (2).
Gadou, A.
Gadot, F.
Gaflë, P.
Gagneur.
Gagnon.
Gaignet, S.
Gail, J.
Gaillard, (4).
Gaillet, (2).
Gaillot, L.
Gaine, J.
Garnier, E.
Galabru, E.
Galangau, E.
Galéry, J.
Galibour, J.
Galichet, E.
Gall, P.
Galland, (2).
Galle, A.
Gallez, (2).
Gallez, V.
Gallois, (2).

Gallou, J.
Gally, B.
Galtier, A.
Gambey, A.
Gambier, C.
Gamfet, J.
Gandebout, E.
Ganivet, P.
Gantrou, J.
Garabosse, A.
Garbay, A.
Garbier, E.
Garcenot, P.
Garcius, J.
Gardivaud, A.
Garnault, J.
Garnier, (6).
Garnotel, G.
Garoshe.
Garot, C.
Garrigou, E.
Gary, P.
Garzin, G.
Gasc, C. de.
Gasch, J.
Gaspard, F.
Gasquet.
Gasson, E.
Gastang, J.
Gaston (2).
Gateau, (2).
Gathe, E.
Gatheron, P.
Gau, J.
Gaubat, M.
Gaubet, J.
Gaubert, (2).
Gaude, C.
Gaudemard, J.
Gaudet, (2).
Gaudin, (2).
Gaudisez, J.
Gaudry, (2).
Gaulin-Parelin.
Gauraud, J.
Gaurier, D.
Gautherot, F.
Gauthier, (6).
Gautier, (3).
Gauthier de Pignon-
   blanc.
Gautran, P.
Gauvain, T.
Gay, (2).
Gayton, E.
Gazalet, J.

Gazelin, E.
Gazesse, L.
Géant, P.
Geay, E.
Geberie.
Gebord, F.
Geffray, J.
Geffroy, (2).
Gegon, J.
Geheribel, A.
Gelez, H.
Geliot, F.
Gell, F.
Génaux.
Gendre, J.
Gendrot, E.
Genen, H.
Genest, J.
Genevois, S.
Genevoix, J.
Geniés, F.
Genin, H.
Genoux, (2).
Gensot, J.
Gensse, (2).
Gentil, N.
Gentilhomme.
Geoffroy, A.
George, G.
Georgelet, T.
Georges, (2).
Georgin, P.
Geprette, E.
Gérard, (3).
Géraud, (2).
Gerbort.
Gerhing, J.
Gérin.
Germain, (2).
Gers, J.
Gerstenneger, E.
Gervais, (2).
Gervaud, (2).
Gervier, H.
Gerzaint, C.
Gestin, J.
Gévot, L.
Geweeler, J.
Gex, M.
Giacobbi.
Gianoni, F.
Gibiot, G.
Giboudeau, F.
Giergi, J.
Gignoux, Y.
Gigorel, P.

Gilbert, (4).
Gilet, J.
Gilland, C.
Gillant.
Gillaud, C.
Gille, (2).
Gilles, F.
Gillet, J.
Gillot, G.
Gilloux, A.
Gilly, L.
Gilot, P.
Gimel, C.
Ginet, E.
Ginhac, J.
Giobaut.
Gioux, R.
Girard, (4).
Girardin, L.
Girardot.
Giraud, (4).
Giraudau, F.
Giraudet, L.
Girauld, M.
Girault, (2).
Girediax.
Girod, F.
Girodia, P.
Gironipaoli, A.
Girot, F.
Girourd, A.
Giroussent, L.
Gitard, J.
Gitnais, G.
Gitrait, G.
Gittand, L.
Givecher, J.
Gigomard, P.
Gizoncari.
Gleder, L.
Gleize, (2).
Gleizes, C.
Glenat, A.
Gley, C.
Gloria.
Gluais, P.
Gobbé, G.
Gobert, L.
Goblet, V.
Godard, E.
Gode, (2).
Godeau, E.
Godefroy, A.
Godet, E.
Godin, (2).
Godon, J.

Godot, E.
Goeth, R.
Gogeon, J.
Gohard, J.
Gohier.
Goillet, C.
Gois, J.
Goix, A.
Golain, L.
Gomas, A.
Gombeau.
Gonaux.
Gonery, J.
Gouet, F.
Gonin, F.
Gonon, (2).
Gontard, (2).
Gontran, P.
Gonzalès, (2).
Goose, L.
Goret, J.
Gossel.
Gotron, H.
Gott, T.
Gottran, J.
Gouabos, A.
Goudelin, L.
Gougelet, E.
Gougeon, Y.
Gougibus, J.
Gouhé, L.
Gouineau, J.
Goulpié, P.
Goulu, A.
Gounay.
Gourand, (2).
Gourbil.
Gourchaut.
Gourdin, (2).
Gourdon, (2).
Gouret, P.
Gourgu, F.
Gourmelin, B.
Gourmille, Y.
Gournechon, U.
Gournelon, J.
Gousset, L.
Gout, H.
Goutalland.
Gouy.
Gouz, C.
Gouzer, J.
Gouzy, (2).
Goxe, L.
Graciot, G.
Graffe, R.

Graignic, J.
Grainer, P.
Grall, J.
Grand, S.
Grandineau.
Grandjean, (2).
Grandmessin, A.
Grangeon, C.
Granger, J.
Granier.
Granieu.
Granur, P.
Grappe, L.
Gratelet.
Gravereau, A.
Graves, P.
Gravier, J.
Grébez, P.
Grégoire, L.
Grégory, D.
Grelessy, P.
Grelinger, J.
Grelingue, J.
Grelot.
Grenier, (2).
Grénom.
Grenon, F.
Gréper, P.
Greter, D.
Grévin, E:
Grichot.
Grille, J.
Grillet, P.
Grillon, J.
Grimal, (2).
Grimaud, (2).
Grimault, E.
Grimaut, L.
Grindolle, F.
Grinder, F.
Grisier.
Grivel, A.
Groudeau, J.
Gros, (2).
Grosdecœur.
Grosbaz, V.
Grosjean, S.
Grosse, (2).
Gruaux.
Grué.
Grusse, C.
Guais, J.
Gudin, L.
Gné, A.
Guédé, A.
Guédon, P.

Gueffier, E.
Gueffroy, J.
Guégan, J.
Guelet, P.
Guémer.
Guenaudeau, A.
Guenet, P.
Guepé, J.
Guéral, L.
Guéraul, P.
Guerbaut, A.
Guerbert, J.
Guerenne, A.
Guerguen, N.
Guérillon, E.
Guérin, (5).
Guerli, J.
Guerrier, J.
Guerry, (2).
Guerzaquet, H.
Guesné, J.
Guette, J.
Guiban, J.
Guiblifé, V.
Guichard, L.
Guichon, C.
Guichot.
Guidasci, H.
Guidrot, F.
Guignabert, J.
Guignet, L.
Guihat, J.
Guihneuf, P.
Guilbert, P.
Guilbin, V.
Guilbot, F.
Guilhet, F.
Guilhot, Y.
Guilichini, P.
Guillans, V.
Guillard, A.
Guillaumant.
Guillaume. (3).
Guillaumet, B.
Guillebot, P.
Guillemain.
Guillemard, A.
Guillemont, (2).
Guillemot, E.
Guilleru, C.
Guillet.
Guilleux, J.
Guillin, F.
Guillois, J.
Guillomez, G.
Guillon, L.

Guillot, A.
Guilloteau.
Guillotin, J.
Guimal, J.
Guimbet.
Guinaud, J.
Guinot, F.
Guiomord.
Guisle, A.
Guissier, P.
Guithaud, C.
Guittard.
Guitton, J.
Guivarch, J.
Guivel, G.
Guivier.
Guldemann.
Gurce, P.
Gurdet, J.
Guy, (5).
Guyard, (2).
Guyodo, J.
Guyon.
Guyot, (3).

Haas, F.
Habay, A.
Habzinger, J.
Hachelin, J,
Hachepille, P,
Hackspill, J.
Hallez, B.
Hallez d'Arroy, C.
Hallier, J.
Hamar, E.
Hamed-ben-Hofman.
Hamel, (3).
Hamelot, J.
Hamon, (3).
Haus, A.
Hantekefs, L.
Haon, C.
Hardy, (3).
Harel, M.
Harguel, J.
Harriet, E.
Harry.
Harson, F.
Hary, (2).
Haulet, E.
Haustrie, A.
Hautcœur, A.
Hauteville, P.
Havot.
Hébert, L.
Hecquet, A.

Heilberger.
Hein.
Heintz, F.
Heis, J.
Helberger, J.
Héliot, F.
Helleboïd, H.
Hellier, F.
Helmer, A.
Héman, J.
Hemerg, J.
Hémont, F.
Hénault, J.-M.
Henin, G.
Hennequin, (2).
Hennet.
Henri, (2).
Henriot, (2).
Henry, (5).
Hentz, F.
Her, C.
Héran, J.-F.
Herbel, J.
Herbert, L.
Herbst, G.
Hérigeault, A.
Herlant, A.
Hermann, L.
Hernau, F.
Hernil, J.-V.
Herouard.
Hersent, (2).
Hervé, (8).
Hervy, J.-M.
Héry, A.
Hesh.
Hetzel, T.
Heuzé, L.
Hevin, P.
Hezard.
Hibbert, A.
Hiegel, (2).
Hiffler, E.
Hilaire, F.
Hinter, M.-H.
Hippe.
Hiquilly, P.
Hisambart, F.
Hiss, C.
Hiurmager, J.
Hivernon, J.
Hœnig, J.-A.
Hoffmann, (2).
Hogniat.
Hoïtzel, F.
Hollz, J.

Hommet, E.
Hondant, V.
Hondeville, J.
Hongaes.
Honia.
Honosati.
Horel, T.
Hortolin, J.
Hosle.
Houël, J.
Hourcarde, E.
Hourrier, E.
Houssaye, (2).
Housseau, L.
Houvenachel, H.
Hubert, (3).
Huchet, A.
Huchon, L.
Huet, (3).
Hugonet, C.
Hugoni.
Hugonin, E.
Huguet, (3).
Huilizen, J.
Huiron.
Huittel, M.
Huland, M.
Hullo, J.
Hulot, J.
Humbers, J.-F.
Humberl, (4).
Hunot, B.
Hurand.
Hurberd, H.
Hurel, P.
Hurion.
Hurst.
Hurtaut, H.
Hurtel, H.
Husand, E.
Huss, G.
Husson, L.
Hutin, (3).
Huzart, E.
Hyvernon, J.

Idatte, C.
Idier, P.
Ifte, (2).
Igonin.
Ilberger, L.
Imbault, A.
Imbert, (3).
Inisin, L.
Isambert, F.
Isnard, (2)

Israël, A.
Issaverdens, R.
Istasse, N.
Ivelot, J.
Izard, L.

Jabeuf.
Jabo.
Jacob, A.
Jacotet, J.-P.
Jacotin, A.
Jacquard, H.
Jacquelin, J.-L.
Jacquemey.
Jacques, (3).
Jacquet, A.
Jacquin, (3).
Jacquot.
Jacta, E.
Jaga, J.-M.
Jager, F.
Jalle, P.
Jallerat, C.
Jamain, S.
Jambon, P.
Jamet, (4).
Jamez, A.
Jamière, J.
Jamin, (2).
Jammes, J.
Jancourt, A.
Janet, A.
Janiel, G.
Janin, (2).
Janglise, M.
Janvier, (2).
Jaouin, J.
Jaquet, J.-M.
Jardin, (3).
Jarjot, (2).
Jaron, A.
Janchin, L.
Jaudard.
Jaulin, J.
Jault, P.
Jaumet, J.
Jaunin, J.
Jaussaud, J.
Javelet, L.
Jayer, M.
Jean, (4).
Jeandel, A.
Jéanem, F.
Jeanger, J.
Jeannet, P.
Jeannette.

Jeannot, P.
Jeannoutos, G.
Jeantal, C.
Jeantet, (2).
Jeantrelle, N.
Jeantris, G.
Jehin, (2).
Jeix, F.
Jenet, G. P.
Jenger, J.
Jenin.
Jenissel, L.-C.
Jerner, N.
Jérobabel, B.
Jérôme.
Jeusgain, F.
Jevaux, J.
Jinest, P.
Jiodeau, J.
Jison, T.
Joachim, P.-M.
Joany, A.
Joassin, R.-P.
Jodeau, J.
Johen.
Joignaux, J.-B.
Jolivet, J.
Jolivier, L.
Joly, (5).
Joly-Potuz, J.
Jomin, P.
Jonacm, F.
Joncourt, A.
Jonloux, B.
Joren, J.
Joron, E.
Joseau de Surcy.
Joseph, (3).
Josselin, J.
Jotte, J.
Jouan, J.-M.
Jouanet, G.
Jouanin, A.
Jouanique, P.
Jouanne, L.-F.
Jouannot, M.
Jouanny.
Joubert, F.
Joubier, P.
Joudoux, J.
Jouette, A.
Jouhan, J.
Joulet, E.
Jourde, X.
Jourdain, S.
Jourdan, J.-F.

Jourdiou, C.
Journet.
Jourut, J.
Joussaume, A.
Jousseaume, P.
Jousse, A.
Jousselin, (2).
Jouve, (2).
Jouventin.
Joux, J.-E.
Jozon, A.
Jubault, V.
Jubin, (2).
Jucole, A.
Jugot, H.
Juhel, F.
Julie, F.
Juliel, A.
Julieu, (2).
Julier, J.
Jullien, S.-F.
Julonchard, P.-M.
Jumel, L.-E.
Junquer, P.
Juraguet, J.
Jurgent.
Jurgeons, E.
Jury, A.
Jussal, J.-B.
Jussieu.
Jussieux, J.
Jussin.
Justin, J.-M.
Justol.
Juvenel.

Kaddour-ben-Sikel.
Kaderey, G.
Kafter, N.-M.
Kaïnce, J.
Kanivel, V.
Keller, J.
Kener, C.
Kerdevez.
Kerguine, F.
Kerjean, J.
Kerlin, J.
Kermabon, M.
Kernau, P.
Kervan, J.
Kierlin.
Kiévelin, J.
Kiffer, J.
Kincb, J.
Klein, J.
Kluis, F.

Koatmer, (2).
Koether.
Koim, J.
Kormann, F.
Krause.
Krebs. L.-N.
Kroyal, J.
Krust, D.
Kuarré, J.-M.
Kumblock.

Labassé. E.
Labastique, A.
Labat, (2).
Labath.
Labatte, J.
Labbé, J.
Labenné, A.
Labesse, D.
Lablanche, J.
Laborier, E.
Labouront, L.
Labourot, C.
Labrère, J.
Labreuve, M.
Labreuveur.
Labrisse, F.
Labro, P.
Labrousse, G.
Lacassagne, B.
Lacaze, E.
Lacey, M.
Lacharme, A.
Lacharte, J.
Lachatre, S.
Lachaud, J.
Laclotre, A.
Lacœur, J.
Lacombe, (2).
Lacoste, J.
Lacotte, J.
Lacour, N.
Lacrampe, J.
Lacroix, (5).
Ladegaillerie, J.
Ladeuil, J.
Ladeuze, R.
Ladmiral, C.
Laerisse, F.
Lafarfe, L.
Lafargue, (2).
Lafenêtre, L.
Laferre.
Laffite, (2).
Lafitte, E.
Lafleur. J.

Lafond, A.
Lafont, H.
Laforest.
Laforgues, P.
Lafori, J.
Lagadec, J.
Lagasi.
Lagarde, (2).
Lagarrigue J.
Lageat.
Lagier, (3).
Lagneau, (2).
Lagoutte, (2).
Lagrange, (2).
Lagraulet, B.
Lagrive, J.
Lagroux, (2).
Lague, J.
Laguerre.
Lahalle.
Lahr, N.
Laid.
Laiger, E.
Lainé, J.
Laivet, D.
Lalande, (2).
Lalane, E.
Lalanne, J.
Lalbaltry, E.
Laliatie, P.
Lallemand, (2).
Lallier, D.
L'Allu, P.
Lalouer, J.
Lalu, (3).
Lam, V.
Lamadon, J.
Lamanthe, B.
Lamarche, P.
Lamarigny, F.
Lamarque, P.
Lamas, J.
Lamasson, V.
Lamay, L.
Lambalez, J.
Lambella, V.
Lamballet, V.
Lambert, (4).
Lamblart, J.
Lamblin.
Lambotin, L.
Lamothe, (2).
Lamotte, (2).
Lamy, (3).
Lancry, C.
Landart. C.

Landi, P.
Landois, M.
Landré, A.
Landri, A.
Landrix, S.
Landureau, P.
Lane, C.
Lanet, J.
Laneyrie, J.
Lang, A.
Lange, P.
Langlade, J.
Langlet, J.
Langlois, (3).
Langot, D.
Lannet, L.
Lanos, G.
Lanquenfeld, G.
Lantelme, O.
Lapalus, B.
Laparat, P.
Laperche, M.
Lapierre, J.
Laplace, (2).
Laplaine, J.
Laporte, A.
Laquerre.
Laralu, B.
Larbès, E.
Larcher, (2).
Larcier, E.
Lardoin, P.
Lardy, M.
Largeau.
Larh, N.
Larieu, H.
Larleu, H.
Larnac, C.
Laroche, (2).
Laroh, A.
Larose.
Laroussarie, F.
Larousse, (2).
Larrère.
Larroutis, C.
Larroux. E.
Larsonneur, F.
Laruelle, V.
Lary, F.
Lasagnace.
La Saigle Guillot, E.
Lasalle, (3).
Laschett, F.
Lasimane.
Lasne, H.
Lasnin. C.

Lassagne, (2).
Lassère.
Lassus, (2).
Latger, E.
Latiel de Thimécourt.
Latil, A.
Latole, J.
Latournerie, J.
Latumolière.
Laubejoie, J.
Laubie, L.
Laudut, P.
Laugier, (2).
Launonier.
Launay, (3).
Launier, L.
Laurain, E.
Laurent, (10).
Laurin, A.
Lautour, P.
Lautron, G.
Lauxerois, E.
Lavabre, P.
Lavalle.
Lavauné.
Lavaux, (2).
Laverol.
Laderoit, L.
Lavier, J.
Lavigne, (2).
Laville.
Lavisse, L.
Lavoué, L.
Lavy, A.
Lazard, E.
Lazary, G.
Lazory,
Lazou, E.
Léandre, P.
La Banniec, P.
Lebara, V.
Lebarque, P.
Lebars.
Lebars, F.
Le Bas, B.
Lebatard, P.
Lebaux, F.
Lebeau, (2).
Lebelle, E.
Lebergue, J.
Le Berre, J.
Lebert, (2).
Le Biennique, J.
Lebihan, (2).
Leblais.
Leblan, H.

Leblanc, (3).
Leblier, A.
Leblond, (2).
Lebois, J.
Leboisier, J.
Le Bolzec du Quillir, E.
Lebon, J.
Le Bonnier, E.
Leborgne, (2).
Lebosser, J.
Leboul, Y.
Leboulque, J.
Lebourleux, D.
Lebraës, G.
Lebranche, J.
Le Bras, N.
Lébrasgny.
Lebrasi, J.
Lebret, J.
Le Breton, P.
Lebreton, (3).
Lebriguer, J.
Le Brun, (4).
Lecamp, S.
Lecardinal, J.
Lecarlier, D.
Lecas, A.
Lecasnet, Y.
Lecat, (3).
Léau, J.
Lecharme, A.
Lechartre,
Lechartres, J.
Lechat, J.
Lechelle, P.
Le Clainche, J.
Leclavé, H.
Leclerc, (3).
Leclercq, A.
Leclere, (2).
Lecloux, E.
Leclue.
Lecocq, P.
Lecœur, V.
Lecointre, V.
Leconte, (5).
Leconte, (2).
Lecoq, P.
Lecouen, J.
Lecouix, F.
Lecroq, L.
Lecul, E.
Lecuyer, J.
Ledant.
Le Dautec, J.
Ledèle, G.

Ledet, J.
Ledie, J.
Ledoublé. J.
Ledoux, (2).
Ledresseur, F.
Ledru, A.
Leduc, G.
Lefebvre, (3).
Leferrand.
Lefeure, J.
Lefèvre, (2).
Leflem, G.
Lefort, (2).
Lefrançois.
Lefur, (2).
Legal.
Legall, (3).
Le Galle, (4).
Legalle.
Le Gallot, J.
Legarec, L.
Legat, F.
Legay, X.
Le Gehan, J.
Legendre, A.
Legens, P.
Léger, (3).
Legin, J.
Legnac, J.
Legnel, Y.
Legnoc, J.
Le Gonidec, T.
Legonidec, J.
Legonnides, J.
Legouez, A.
Legouix, F.
Legrand, (4).
Legri, L.
Legris, (3).
Legros, (3).
Legu, J.
Le Guay, N.
Leguenec, L.
Leguéré, E.
Legueuce.
Legui, G.
Leguire, E.
Lehaye, E.
Leidenreth, V.
Le Jannic, F.
Le Jeanner. S.
Lejeune, (2).
Le Kan, J.
Le Lagadec Karradeu.
Lelaly, J.
Le Lay, J.

Lelièvre, (3).   Lesage, L.   Ligner, J.
Le Loaec, G.   Le Saint, J.   Ligot, D.
Leloup, A.   Lesaint, (3).   Ligour, J.
Lelousse.   Lesaunier, L.   Limoges.
Lemaire, (3).   Lescat, J.   Lin, E.
Lemaistre, J.   Lescoppe.   Linck, B.
Lemaître, (3).   Lescure, B.   Linet, M.
Leman, A.   Lesec, E.   Linossier, J.
Lemarchand, E.   Lesenne, J.   Lion, (2).
Lemasson, (3).   Lesoif.   Liori, J.
Lemaux, F.   Lesorge, J.   Liot, (2).
Lemé, F.   Lesprie.   Lipper, A.
Leméhante, J.   Lessig, E.   Lippler.
Lemen, J.   Lestrat, J.   Lisch, J.
Lemerle, F.   Lesur.   Lision, F.
Lemeur, (2).   Letancer   Lisle, M.
Le Mintier de St-André   Leterrier, A.   Listréan, L.
Lemire, E.   Letertre, J.   Liverac, B.
Le Moal, J.   Letondor, G.   Lixquière, L.
Lemoge, A.   Letor, H.   Lizer, A.
Lemoine, (4).   Letourneaux, F.   Lobjois, J.
Lemosy, A.   Letringer, D.   Lobière, C.
Le Mouet, M.   Letronn, E.   Locque, (2).
Lemousse, A.   Leu, J.   Loga.
Lenez, A.   Leuchard.   Loge.
Lenfant, J.   Levaard, J.   Logerot, E.
Lengenfeld, G.   Levasseur, (2).   Lognon, F.
Lenicolaï, E.   Leveil, P.   Loichot, (2).
Lenné, P.   Leveillé, (2).   Loisel, (2).
Lenormand, E.   Leveissière, A.   Loiselais, L.
Leon, J.   Levêque, (3).   Loiselle, J.
Léonard, J.   Levesque.   Lojeat, P.
Leonte, L.   Leveugle, L.   Lolieron, J.
Lepage, J.   Leviénent, R.   Lombard, (2).
Le Palisko.   Levillage.   Lonfat, (2).
Leparc, F.   Levy, J.   Loo.
Lepart, E.   Leyser, P.   Lopers.
Lepers, A.   Lerai.   Lopèze, A.
Leperric, J.   Lhémann.   Loquet.
Leperron, J.   Lhéon, J.   Lorec, J.
Lepetilio,   Lheureux, A.   Loret, L.
Lepetillon.   Lhomme, (2).   Loric, M.
Lepetit, G.   L'hoste, V.   Lorin, H.
Lepetz, J.   Lhothellier, P.   Lorinet, G.
Lepinay, F.   Liaudet, B.   Lorrin, E.
Lepreux, H.   Liaume, D.   Losingot, P.
Le Quay, N.   Libeau, M.   Louara, J.
Lequieux, O.   Liconet, A.   Loubé, B.
Lerat, A.   Lidon, C   Louché, A.
Leray, J.   Liébard, T.   Loucher.
Leron, J.   Lieffles, G.   Louchet.
Lerond.   Liégeois.   Loudrin, J.
Leroux, (4).   Lienard, D.   Louessard, J.
Leroy, (7).   Liep, C.   Louis, (2).
Lérumeur, V.   Lieudet, N.   Loulié, C.
Lesachez, A.   Lieutet.   Lourdais, P.

Loussard, J.
Loustan, B.
Louthilier, L.
Louvat, C.
Louvel, E.
Louviguy, L.
Louvion, G.
Loyen, F.
Lubac, A.
Luc, (2).
Lucas, (4).
Lucciani, R.
Luciate, R.
Lucon, J.
Ludenin, R.
Ludit, J.
Lugand, (2).
Lugne, J.
Lugo, G.
Luichon, J.
Lunck, J.
Lupasse, J.
Luraine, J. .
Lurois, A.
Lusigeron, F.
Lusset, E.
Lynch, J.
Lyome, V.

Mabbec, A.
Mabille, L.
Macadret, P.
Macaud, F.
Mace, J.
Machabert, J.
Machard, J.
Machureau, E.
Machy, de.
Macin, A.
Maçon, (2).
Macq.
Macquart, L.
Macque, S.
Macréau, L.
Madelin.
Madion.
Madon, H.
Madrine, J.
Maës, A.
Maeu.
Maffre, G.
Magalon, F.
Magenot, G.
Magisson.
Magloire, M.
Magnat, P.

Magne, J.
Magnien, J.
Magnier, J.
Maguéro, J.
Mahé, (4).
Mahéo, M.
Mahier, A.
Mahté, J.
Mahuet.
Maias, J.
Maignon, A.
Maillard, (3).
Maillet, (3).
Maillochau.
Maine, J.
Mainferme.
Mainguy, J.
Maire, J.
Maireau, A.
Maison, J.
Maisonneuve, E.
Maissonneuve.
Maitral.
Maître, (2).
Maître-Devallon.
Maizière, E.
Majisson, A.
Malabert, J.
Maladot, P.
Malapham.
Malassis, M.
Malaval, F.
Malbrand, L.
Malin, J.
Maline, L.-C.
Malinge.
Malingon, J.
Mallebarre.
Mallefoix.
Mallet.
Malmonti, E.
Malot, A.
Malparty, A.
Malquis, J.
Malsacq.
Malutut.
Mamiel, (2).
Manceau, F.
Mandral, J.
Manel, T.
Mangeot, G.
Mangin, L.
Mania, F.
Manière, (2).
Manils, P.
Manne, V.

Manou, C.
Manour.
Manse, B.
Manstrié.
Mantonnet, L.
Maquahan, P.
Maracin, F.
Maraquis, R.
Marate, J.
Marbœul, (2).
Marbout, F.
Marboux, J.
Marc, A.
Marcalet, dit *Toto*.
. Marcaut, J.
Marceau, H.
Marcelin, (2).
Marchadier, E.
Marchal, (2).
Marchalan.
Marchallen, Y.
Marchand, (2).
Marchaut, J.
Marchenoir, J.
Marchet.
Marchise, J.
Marchiset, J.
Mardinier, J.
Mardon, A.
Maréchal, (2).
Marelle, E.
Maret.
Margnoux, J.
Margollon.
Margot, P.
Margueritot.
Mari, (2).
Marie, (2).
Marignac, A.
Marigny, L.
Marin, (2).
Marinier, E.
Marion, H.
Marionelz.
Mariotte, C.
Marjollin.
Marly, P.
Marmond, H.
Marmoux, (2).
Marot, E.
Marothey, P.
Marrassé, P.
Marsan, F.
Marsaud, P.
Marsé, L.
Marteau, (2).

Martel, M.
Martelot.
Marteret, F.
Martia, C.
Martin, (11).
Martinaud, V.
Martingues, J.
Martini, E.
Martinot.
Marzon.
Mas, (2).
Masbiau, F.
Mascon, C.
Masotte, (2).
Massat, J.
Masselin, M.
Massevey, E.
Masson, (7).
Massot, J.
Massu, G.
Matheu, E.
Mathieu, (6).
Mathis, J.
Mathon, C.
Mathurin, J.
Maudouin, M.
Mauduit, L.
Mauger, (4).
Maujol.
Mauly, A.
Maupas, F.
Maupoint de Vandeul.
Mauranges.
Maure, P.
Mauret, J.
Mauriac, J.
Maurice.
Mauries, F.
Maurin, (3).
Maurinet.
Mauris, P.
Maurizi, J.
Mauronard, A.
Maury, (2).
Maussegat.
Maussion, A.
Maute.
Maux, P.
Mavré, A.
Mavet, A.
Max, P.
Maxime, F.
May, (2).
Mayer, H.
Mayeux, Y.
Mayou, E.

Mazérot, J.
Mazure, (2).
Méchin, B.
Médard.
Megen, S.
Megnan, D.
Méhut, E.
Mélage, E.
Mélard, P.
Melay, H.
Melchior, J.
Melet.
Melin, A.
Melion, L.
.Mellanger, G.
Mellé, A.
Mellet, J.
Mellier, C.
Melorme.
Ménager, L.
Ménard, (3).
Menat, P.
Menelot, A.
Meneu, J.
Menez.
Meng.
Ménier, (2).
Menin, (2).
Mennesson, C.
Menoux, J.
Menu, (2).
Méo, M.
Méran, E.
Mercier, (4),
Merdi, C.
Merdy.
Mere, (2).
Mérel, (3).
Mereuzot, F.
Mérigot, A.
Merio, C.
Mériot.
Merlan, C.
Merle, J.
Merlé, P.
Merles, F.
Merlet.
Merrheim, A.
Merveilleur.
Merveilleux.
Merzan, J.
Mesdon.
Meslier, J.
Mesmard, (2).
Mesne, J.
Mesnien, V.

Mesure, E.
Métais, J.
Metay.
Métivier, J.
Métral, J.
Métro, A.
Meulmiest, C.
Meunier, (8).
Meurice, J.
Meuriot, M.
Meuslemiestre, C.
Mevel, M.
Mey, E.
Meyer, (3).
Meynian.
Mézare, J.
Micaud, C.
Michan.
Michard.
Michau.
Michaud, (3).
Michel, (7).
Michelit, J.
Micholon, L.
Michon, L.
Midan, C.
Miégeville, D.
Miel.
Migeon, P.
Migiot, A.
Mignaton, (2).
Mignaud, P.
Mignot.
Mignoton, (2).
Mignonneau, M.
Miion. P.
Mijaud, A.
Milhé de St-Victor.
Mille.
Miller, P.
Milleray, E.
Milleret, E.
Millet, (2).
Millon-Brodas.
Millot, J.
Miler.
Milon, (2).
Milsant.
Miltron.
Mimerel.
Mingot.
Minier, (2).
Miron.
Miselec, Y.
Mitivier, J.
Moachau, M

Mochard, V.
Mogenet.
Mogne, F.
Mohamed - ben-bel-
  Hassem.
Mohamed-ben-Sala.
Mohamet-ben-Amed.
Mohammed-bel-Hay.
Moinac, L.
Moine, (2).
Moineau, A.
Moinel, P.
Moinet, F.
Moingeon.
Moisan, A.
Moiseau, H.
Moisier, A.
Moitrier, E.
Molini, L.
Mollard, J.
Mollet, (2).
Mollier, E.
Monpoix, A.
Monat, R.
Monceaux, M.
Monchatré, H.
Monchonet, A.
Monchové, A.
Mondescelle.
Mondille, F.
Mondin, F.
Mongard, F.
Mongardien, D.
Mongelard, P.
Mongenot, L.
Monier, L.
Mouin, (3).
Monjuif, L.
Monmaumay, O.
Monnaye, J.
Monnegé, J.
Monnet, (2).
Monnier, (2).
Monot, J.
Monselle, L.
Monsillon, S.
Montaclair.
Montagnat, J.
Montalon, M.
Montarde, J.
Montbazet, L.
Montbriou, F.
Montcar, L.
Monteil, F.
Montel, C.
Montet, A.

Montfort, (3).
Monthuret, J.
Montilier, A.
Montillon, J.
Montitos, S.
Moran, F.
Morand, A.
Morange.
Moratil.
Moratille, D.
Moraud.
Morchond, H.
More, J.
Moreau, (13).
Morel, (3).
Morg, J.
Morgue, A.
Morice, (2).
Morice, J.
Morin, (6).
Morinier, J.
Morisseau, F.
Morizot.
Morlet, J.
Morlot, L.
Mormand, P.
Moronval, E.
Morot, J.
Mortane, J.
Mortini, E.
Morvan, (2).
Mory, J.
Moscorte, H.
Mossand, C.
Motte, A.
Motet, A.
Motin, P.
Mottot, (2).
Motu, F.
Mouchard, J.
Mouché.
Mouchet.
Mougnard, J.
Mougne, F.
Mouillon, J.
Moujar, M.
Moulay, S.
Moulbé, L.
Moulin, (3).
Moulinel, U.
Moulinet, A.
Moulon, J.
Mouly, (2).
Mounet, L.
Mounier, L.
Mouret, J.

Moureau, J.
Moureaux. A.
Mourier, J.
Mourissargues.
Mourlevat, P.
Mourrissargues, J.
Moury.
Mousset, (2).
Moussiau, P.
Moutarde, J.
Moutet.
Mouthelier, B.
Mouthien, H.
Moutonnet, L.
Moyau, L.
Muller, (3).
Mulon, (2).
Mulot, (2).
Munier, P.
Munu, F.
Murate.
Muratel, C.
Muratet.
Murille, J.
Museleck, Y.
Musiniac, L.

Nacher, C.
Nacrez.
Nagely, A.
Naigeon, L.
Namartre, (2).
Napoléon, F.-N.
Nardeux, (2).
Narley, F.
Narmarie, B.
Narret, A.-A.
Nartey, M.
Nativelle, J.
Naudin, D.
Naumann, F.
Naumendorff, J.
Navelet, A.
Naves, A.
Navoisa, J.-M.
Nazère, C.
Neg.
Nègre, J.
Negreri, P.
Negret, J.-J.
Négrier, E.
Nelson.
Neraudau, J.
Néro. G.
Néthelme.
Nevel, J.-F.

Neveu, (2).
Ney, (2).
Neymeyer, E.
Neyroni.
Niatel, (2).
Nickler, J.
Nicol, Y.
Nicolaï, F.
Nicolardot, F.
Nicolas, (4).
Nicoleau, P.
Nicolet, S.
Nicoli, A.
Nicolic, P.
Nicolini, V.
Nicoquillon.
Niedhannier.
Niel, J.-B.
Niepset, E.
Nigant, J.
Nigaud, E.
Nigot, J.
Nigur, L.-G.
Nilmont, A.
Ninet, A.
Niquet, P.
Niterperger, C.
Nivert, J.
Nivet, B.
Noble, H.
Nochette, J.-P.
Noel, (4).
Noglain.
Noireau, J.-B.
Noirot, A.
Nolger, E.
Normand.
Nortay, M.
Nourrisson, (2).
Nourrichard, M.
Nouvel, A.
Noyat, L.
Nugère, F.

Obiven-Tanguy.
Odelay, F.
Odet, J.
Odillon, T.
Odin, J.-B.
Odoire.
Offret, G.
Oléron, J.
Olger.
Oliger, L.
Olive, P.
Olivier, M.

Oliviéri, J.
Ollivier, (2).
Orève, F.
Oriz, A.
Orliaget, H.
Orluc, J.-B.
Orsal, C.
Orset, E.
Ottassé.
Otte, A.
Oudin, H.
Ouélard, J.
Oulland.
Ourlé, F.
Ousaré.
Ouvrat, J.
Overlé, L.

Pacaud, (2).
Pacé, A.
Pachot, C.
Pacquand, F.
Padelec, L.
Paga, J.
Pagandes, S.
Pagneux, C.
Paillard, (2).
Paillet, N.
Paisant, P.
Paizet.
Pajot.
Palangan, F.
Palant, T.
Palhier, H.
Palis, A.
Palla, H.
Pallat, J.
Pally, F.
Palmal, J.
Pamphile, M.
Panier, O.
Panloup, L.
Pannetier.
Pantecoute, L.
Paoli, P.
Papagay, L.
Pape, F.
Papegary.
Papin, (2).
Papon, P.
Papot, C.
Pappinet, J.
Paput, G.
Paquant, J.
Paquerant, J.
Paquin, J.

Paradis, J.
Paratte, E.
Paravel.
Paravet.
Parblot, H.
Pardarier, F.
Pardinet, J.
Parent, (2).
Parentin, E.
Paret, G.
Paris, (2).
Pariset, U.
Parisy, J.
Parisot, (2).
Parisy, J.
Parmentier, J.
Parotin.
Parpaillon, P.
Parpaillou.
Parquier, E.
Parrard.
Parreyre, P.
Parthenay.
Parutte, E.
Pascal, (2).
Pasquier, (2).
Pastor, E.
Patard, P.
Patin, (2).
Patou.
Patouillet, (2).
Patres.
Patriarche, L.
Patru, J.
Patte, B.
Paturot, F.
Paugain.
Paugau, L.
Paul, F.
Paulet, J.
Paulin, (2).
Pauly, (2).
Pauron, V.
Payard, M.
Payeuil, L.
Pays, C.
Paysant, A.
Pean, J.
Pechenard, A.
Pechodra.
Pechodral, P.
Pecker.
Pecquilhau.
Pegative, L.
Pegny, J.
Peht.

Peiffert.
Peillon, F.
Peyron, J.
Pelès, J.
Pelin, E.
Pélissier, C.
Pellan, M.
Pellerin, (2).
Pelletan, L.
Pelletier, (2).
Pellier.
Pellion, P.
Peloprat, M.
Pels, (2).
Peltico, F.
Peltret, J.
Pelzat, J.
Pementier, S.
Pen, J.
Pénard, D.
Penardon.
Penaud, P.
Penel.
Penelet, P.
Penitot, A.
Pennetier, J.
Penotet, N.
Pepin, F.
Percelay, P.
Perceval, (2).
Perchet.
Perdereau, J.
Perdreau, A.
Perdrizet, A.
Péré.
Perichaud, J.
Périchon, P.
Perier, C.
Périgord.
Périllat, F.
Périssé, N.
Perleuf, A.
Perlof, A.
Pernet, C.
Perney, J.
Pernin, A.
Pernolet, E.
Pernot, (3).
Pérolaz, J.
Péronaux, E.
Perondot.
Perou, F.
Perrains, D.
Perran, A.
Perraud, A.
Perreau, C.

Perredet.
Perret.
Perrier.
Perrin.
Perriquet, G.
Perrisan, J.
Perrochau.
Perrochaux, C.
Perron.
Perrot, (5).
Perrotin, N.
Perry, H.
Person, J.
Personne, A.
Perthuis, A.
Pertus, G.
Pescheur, J.
Peseris, A.
Pessey.
Pessoux, L.
Peter, G.
Petigneau, J.
Petit, (11).
Petitet.
Petitjin, E.
Petitpain.
Petitpierre, L.
Petriol, A.
Petron, M.
Peugon, C.
Peyressant, P.
Peyret, D.
Peyreux, F.
Peyron, J.
Peyronne, J.
Peyrrissaoun, J.
Peytavit.
Peytevil, J.
Pfefferkorn, J.
Phalipe, G.
Philipon, P.
Philippe, J.
Philippol, F.
Philippot, D.
Pholay, V.
Piacintini, M.
Pialong, E.
Piat, (2).
Picard, (9).
Picart, F.
Picarti, M.
Pichard, (2).
Pichau.
Pichaud, (2).
Picheron.
Pichery, (2).

Pichois, E.
Pichon, (2).
Pichot, J.
Picodin, J.
Picosson, L.
Picot, J.
Picotchard, C.
Picourt, A.
Piefferkorn, J.
Pienotin, A.
Pierat, J.
Pieratin, A.
Pieridon, M.
Pierrard, C.
Pierre, (5).
Pierret, N.
Pierri, (2).
Pierron.
Pierson, A.
Pierton, L.
Piery, D.
Piet, G.
Piétot, M.
Pietrotti, H.
Pigeon, J.
Pignat.
Pignol, (2).
Pignonblanc.
Pilavy, J.
Pilinski, J.
Pillata, J.
Pillet, J.
Pillieux, A. de
Pillot, P.
Pillon, (2).
Pimon, L.
Pimoudt, L.
Pinaud, A.
Pinette, A.
Pingon.
Pinson, A.
Piot, (2).
Piotte, L.
Pipi, F.
Pique, P.
Piquemolle, J.
Pireyre, L.
Piron, (2).
Pitavel, J.
Piton, J.
Pizany, E.
Plageant, F.
Plagnol, H.
Plaisance, J.
Planchart, A.
Planchet.

Plancix, J.
Plantard, E.
Plée, J.
Pleiber, C.
Plinchot, A.
Ploch, P.
Plohaye.
Plumeret, E.
Plumpercher, A.
Pobel, J.
Poccard, P.
Pochat, A.
Pochet.
Podevin, F.
Poidevin, F.
Poidvin, E.
Poignant, P.
Poignaud, A.
Poinier, J.
Point, A.
Pointdessant.
Pointdesaulx, A.
Pointet, F.
Pointhièvre, E.
Pointrel, A.
Poireau, (2).
Poirier, (2).
Poirot, F.
Poison, P.
Poitevin, A.
Poitier, (2).
Poivre, N.
Polinier.
Pomard, V.
Pommepays, J.
Pommerpuys,
Pommes, J.
Ponceau, T.
Poncet, (2).
Ponian.
Pontrel, E.
Pontu, V.
Ponsignon, J.
Ponson.
Porchez, (2).
Porcherot, A.
Poret, G.
Porlier, G.
Pornin, A.
Portale, A.
Portalier, A.
Porte, A.
Porteret, J.
Portier, F.
Posselle, L.
Possoz, J.

Postec, C.
Postel, (3).
Potard.
Poteau, J.
Potel.
Poterie, F.
Potin, E.
Potiron, A.
Poubardin, D.
Poubel.
Poubrault, J.
Pouché.
Poudazoux, F.
Pouget, E.
Pouhon, G.
Pouilloux, A.
Poulain, (2).
Poulin, (2).
Pouparte, A.
Poupet.
Poupin, (2).
Pouplier, (2).
Pourquerey, V.
Pourville, (2).
Pousiel, J.
Poussif, J.
Pousy. J.
Pontain.
Ponterrel, E.
Pontrel, E. (2).
Pouyet, A.
Pouzet, L.
Poy, V.
Poyet.
Prabouneau, (2).
Pradel, E.
Pradier.
Pralon, E.
Pralus, V.
Pranlou, F.
Pranloup, F.
Prax, M.
Praxderal, A.
Préat, P.
Preau, A.
Prédeau, (2).
Pregny, D.
Préjean, (2).
Prépillon.
Prestat, E.
Prévault, A.
Prévost, (2).
Prévot, (3).
Priac, V.
Prince, V.
Priot, (2).

Prioux, E.
Privai.
Proal, H.
Prochet.
Prodel, A.
Prost, (2).
Prot, P.
Protot.
Prou, A.
Proutan, L.
Provost, (3).
Provot.
Prudhomme, (4).
Pruneaux, T.
Prunevieille, (2).
Prunier, F.
Pucet, (2).
Pueschberty, C.
Puevel, G.
Puget, E.
Pugignet, B.
Puginier.
Puig.
Puisson, D.
Pujot, F.
Puyo, A.
Puyraveau.
Pyat, E.

Quainon, L.
Quantin, A.
Quatrebœuf, H.
Quelvélec, O.
Queniot, F.
Quérin, E.
Querlierliem.
Querry, C.
Quettier, S.-A.
Quevrolles, F.
Quiguiner, J.-M.
Quilbec, C.
Quinard.
Quinet, (2).
Quinqueneau, L.
Quiviger, G.

Rabanez, A.
Rabillou, H.
Rablier, L.
Rabotin, P.
Racine, (2).
Racon, J.
Radiguel, A.
Raffesti, T.
Raffin, (2).
Raginel, C.

Ragniot, H.
Ragnol, H.
Ragois, P.
Ragot, L.
Ragoudet, J.
Raguit, A.
Raimbaud, J.
Raimbeau, F.
Rainjart, J.
Raiscis, L.
Raisin, L.
Rancurel, F.
Rancy, L.
Ranjean.
Raphael, M,
Raphanel, A.
Rapin, F.
Rappé.
Rasch, H.
Ratez, E.
Rathier, J.
Rauda, M.
Raulet, T.
Rault, F.
Raure, (2).
Ravault, A.
Ravelot, J.
Ravier, M.
Ravoust, J.
Ray, F.
Raymond, (2).
Raynaud, B.
Reb, J.
Rebillat, J.
Rebondy, P.
Reboul, F.
Rebourseau.
Reccalde, J.
Rechignat, (2).
Redonnet, B.
Redoux, J.
Reffin, E.
Regeaud.
Regevoire, B.
Réginas, F.
Regnault, H.
Regnaut, C.
Regni, G.
Regnier, (4).
Regret, S.
Regru, S.
Reignier, E.
Reltgen, J.
Remisy, C.
Rémond, (2).
Remondière.

Remy, (3).
Renard, (3).
Renaud, (5).
Renaudat, E.
Renaudet, F.
Renaudie, F.
Renaudin.
Renaudineau, P.
Renaudinot.
Renault, (5).
Renaux, (3).
Rendet.
Renesson, L.
Renoir, I.
Renon, A.
Renouf.
Revalard, O.
Revancoux, J.
Reveillon.
Revil, A.
Réville.
Revillon.
Rey, (3).
Reynaud, G.
Rez, P.
Rhodier, J.
Rhodolphe, L.
Riac, C.
Ribaut, A.
Ribeau. J.
Ribet, A.
Ribraud, E.
Ricard, (2).
Ricatte.
Ricau, L.
Richard, (9).
Richardot, P.
Richaud, A.
Riche, (2).
Richer, (3).
Richet. J.
Richeter, F.
Richoilet, F.
Richome, J.
Richou, (2).
Rien, P.
Ries, J.
Riesdorf, E.
Riess.
Rien, (2).
Rigal, (2).
Rigaud, A.
Rigaut, E.
Rigaux. P.
Rigier, E.
Rigny, M.

Rigot, H
Riguidel, M.
Rimasson, J.
Rimbœuf.
Rincheval, H.
Rio, E.
Riolz, E.
Rion, P.
Riou, (3).
Rioul, J.
Rioux, P.
Rival, J.
Rivart, A.
Riverain, L.
Rivière, (3).
Rivierre, J.
Rivoirand, G.
Rivoolan, J.
Robe, E.
Roberg, E.
Robert, (6).
Robey, A.
Robic, M.
Robin, (5).
Rocariès, L.
Roch, A.
Roche, (4).
Roché, E.
Rocheblare, C.
Rocher.
Rochognat, P.
Rochoygar, A.
Rodange, A.
Roddin.
Rodier, J.
Rodras.
Roger, (7).
Rogier, G.
Rogner.
Roisin, L.
Roland, (2).
Rolin.
Rolland, A.
Rollet, P.
Rolot, D.
Romain, R.
Romier, J.
Romignon.
Rondeau, L.
Rondet, J.
Rori, M.
Roscop, F.
Rose, D.
Roseau, S.
Rosée, A.
Rosemann-Lesmann.

Rosière, H.
Rosinbergé, **J.**
Roslet, **J.**
Rosse, (2).
Rossé, L.
Rossefet.
Rosset, J.
Rossette, A.
Rossi, J.
Rossler, E.
Roth.
Rottembourg.
Roturier, E.
Rouaix, J.
Rouard, A.
Roubelat, J.
Rouche, P.
Rouchon, L.
Roudant, S.
Rouelle, A.
Rouflet, L.
Rougemont, **J.**
Rougery, **J.**
Rouget, (2).
Rougexième.
Rougier.
Rougnanier, **J.**
Rougon, H.
Rouide, **J.**
Rouillac, E.
Rouillier, T.
Rouillou, A.
Rouixet, E.
Rouland, J.
Roulet, L.
Roulland, **F.**
Roulot, A.
Rouprich, **M.**
Rouquel, J.
Rousse, R.
Rousseau, (7).
Roussel, (6).
Rousselat.
Rousselet, (2).
Rousseli, H.
Rousselin, A.
Rouselle, D.
Roussin, A.
Roussignac, H.
Rouly, A.
Rouvet, J.
Rouvier, E.
Roux, (7).
Rouy, (2).
Rouzeau, H.
Rouzet, **P.**

Rover, R.
Rovinsky, E.
Roy, (5).
Royer, C.
Royet.
Royrenc, A.
Rozet, A.
Rozière, L,
Rozles, A.
Ruaux, E.
Rublais.
Rubé, F.
Rubinstein, L.
Ruchet, G.
Ruellan, T.
Ruellant,
Ruffet, P.
Ruffier, C.
Rugier.
Ruhomme.
Ruine, P.
Ruinez, P.
Rul, B.
Rummer.
Rumon, J.
Russillier, F.
Russin.
Rusternei.
Rusturucci, P.
Rütling, C.

Saalo, L.
Sabard, A.
Sabarly, (2).
Sabatier, J.
Saboureau, J.
Sachet, J.
Sacquier, M.
Sacré, J.
Sad-Ben-Nassar.
Sagorin, J.
Saillard (le baron de)
Saillier, C.
Saindon, **H.**
Sainstaus.
Saint-Ange, B.
Saint-Marie, E.
Saint-Martin, **J.**
Saint-Nicolas, T.
Saizal.
Saladin.
Salagnier, P.
Salaum, (2).
Salaz, H.
Salidas.
Salin, **J.**

Saliras.
Salive, P.
Salivès, P.
Salle, L.
Sallette, **J.**
Sallin, **J.**
Salmet, **J.**
Salode, E.
Salomon, (2).
Salot. J.
Saloun, J.
Salvet, A.
Salvin.
Salvez, P.
Samain.
Sambardier, **P.**
Same, J.
Samson, H.
Samuel, J.
Sanguinède, **J.**
Santo, P.
Saout, J.
Sarazin.
Sarlette, M.
Saron, J.
Sarrassin.
Sarrazin, (2).
Sarrieras, L.
Sasaguet.
Sattelin, J.
Saucède, E.
Sauguin, **J.**
Saulez, L.
Saulnier, L.
Saumer, F.
Saunet, J.
Saupique, F.
Saureux, E.
Sauter, A.
Sautez, **J.**
Sautia, A.
Sautier, F.
Sauton.
Sautou, P.
Sautron, **M.**
Sauvanier.
Sauvet.
Savageot, P.
Savary, (2).
Savoie.
Scaglia, B.
Schak, L.
Schammel, C.
Schilling, E.
Schmidt, (2).
Schmitt, **J.**

Schneider, E.
Scholard, F.
Scholasch, V.
Scholl, (3).
Schreiber Devaux, de
  St-Maurice Ch. de
Schrooten.
Schualan, L.
Schwander, C.
Schwartz, J.
Schwartzmann, J.
Sclaffer, J.
Second, J.
Segaud, F.
Segueur, J
Segond, J.
Segris.
Seguenot, F.
Seguin, (4).
Seigneur, Y.
Seigneurin, J.
Seilli, G.
Seillier, A.
Seiquet, A.
Sélaur, J.
Selay, L.
Seleider, G.
Selle, (2).
Sellier, H.
Seltelin, J.
Semery, J.
Semonsu, L.
Senac, J.
Sénéchal, (2).
Senez, A.
Senlecque, A.
Sens, G.
Sensbé, A.
Serboy, J.
Serey, J.
Sergent, (2).
Series, J.
Serre, (2).
Serres, J.
Serrigny, F.
Servage, F.
Servain, P.
Sescarauds.
Seurre.
Séverin, T.
Seybelle, F.
Siaud, P.
Sibilac, F.
Sibille, A.
Sicard, (4).
Sicot, P.

Sidan, L.
Sidon, C.
Sieler, J.
Siffermann, A.
Sigaro, J.
Sigault, E.
Signy, J.
Sigot, L.
Sillier, A.
Simas, P.
Simon, (7).
Simoneau, H.
Simonet, T.
Simononi, I.
Simoury, J.
Sire.
Sittler, C.
Smith, T.
Sneuvre, J.
Sochard, F.
Sognet, F.
Sol, (2).
Soland, V.
Solère, E.
Solereau, D.
Solichon, A.
Solignac, H.
Sommet, P.
Sommureux, A.
Somon, E.
Sonnec, J.
Sonnet, J.
Sorais, J.
Sorba, F.
Soret, (2).
Souanin, P.
Souavin, J.
Soubié, G.
Soubise.
Soubisse, (2).
Soucard.
Souche, (?).
Souchet, (?)
Soudain, C.
Soudery, D.
Soueix, J.
Souex.
Souin, L.
Soulabielle, M.
Souladié, J.
Soulan, P.
Soulanet.
Soulapol, P.
Soulard, P.
Soulas, L.
Soulé, J.

Soulfout, H.
Soulier, (2).
Soulignac, P.
Souplet, P.
Sourdelle.
Sourdille.
Souriant,
Souriant, L.
Sourinon.
Soury, F.
Sousirot, A.
Souvestre, M.
Soyer, A.
Soyeux, E.
Spaeth, L.
Spalfel, L.
Spariel, G.
Spy, (3).
Stanislas, (2).
Stard, P.
Steinbach, J.
Steinif.
Steklaer, F.
Stermnetz.
Stieffel, G.
Stiker, J.
Stourm, F.
Stourn.
Strassel, P.
Streff.
Streiblen, G.
Sttohm, P.
Suc, E.
Sueur.
Suprin, J.
Sureau, J.
Sylvain.
Sylvestre, A.

Tacon, J.
Taddeï, C.
Tadillon, F.
Tagnon.
Tahon, L.
Taillade, P.
Taillendier, F.
Tailheurq, J.
Tailheury, L.
Tajeant, P.
Talagrand, A.
Talazac, J.
Tallégar.
Tallet, J.
Talona, F.
Tamenaud, L.
Tangry, J.

Tanguy.
Taponat, J.
Tardif, E.
Tarlouet, C.
Tarran, L.
Tarrasse, A.
Tarrieu, J.
Tasquis, A.
Tatriau, L.
Tatris, L.
Tatu, F.
Taugin, R.
Taurin, E.
Taurine, (2).
Tauzines, E.
Taverne, A.
Tavernier, F.
Tégui, J.
Teillais, A.
Teille.
Teincion, A.
Teinturier, G.
Teirlinch, E.
Teissier, H.
Tellier, A.
Tendron, L.
Tenz, J.
Terat, J.
Teribourdaux, A.
Terlot.
Terme, J.
Ternot, F.
Terret, C.
Terrie, J.
Terrier, (2).
Tessier, (2).
Testevin.
Teurière.
Texier, E.
Thaıné, A.
Thébaud, E.
Thébault. C.
Thébaut, J.
Theil, M.
Thénard, E.
Theriet, E.
Théron, (2).
Therouy, L.
Théry.
Thès, P.
Thevenau, C.
Thevenet, A.
Theveniu, (2).
Thévenot, F.
Thévin, L.
Thiam.

Thiard.
Thibal, H.
Thibald, H.
Thibaud, (2).
Thibaudier, P.
Thibaudot, J.
Thibault, (3).
Thiebault, O.
Thiébaut. (2).
Thiery, M.
Thil, G.
Thirion, (3).
Thirol, J.
Thirout, G.
Thisse, J.
Thoison, L.
Tholozan, Y.
Thomas, (9).
Thomasson.
Thomeret, A.
Thorec, G.
Thoret.
Thourdin.
Thourin, P.
Thouriste.
Thouvenel.
Thuillier, A.
Thurner, A.
Tidal, B.
Tifflion, J.
Tillier, J.
Tilly, (2).
Timbert, M.
Timonnier.
Timpagnon, A.
Tinet, M.
Tirasse, J.
Tisset, E.
Tissié. M.
Tissier, (2).
Tissolong, P.
Tixier, F.
Tocant, F.
Tocore.
Tocqueville, D.
Toison, L.
Tollet, A.
Tollu, A.
Tonnelier, L.
Torchu, P.
Torcilles, H.
Tori.
Torni.
Tortes, B.
Toscan, P.
Toscar, P.

Toslain, E.
Toublanc, J.
Touchard, (2).
Touché, M.
Toullan, F.
Toullec, E.
Toulouse, J.
Toulouza, Y.
Touquette, T.
Tourette, J.
Tourneray, C.
Tourneur, (4).
Tournier, (3).
Tournoy, A.
Tourtarel, F.
Toussaint, (2).
Tousset, A.
Touvenin.
Touzon, P.
Trabac, E.
Trahay. G.
Tranchant, G.
Traud, P.
Travers, J.
Tréan, J.
Trébilly, P.
Treby, J.
Trecar, M.
Tréfaut, P.
Trefecou.
Treffard, P.
Tréfort, E.
Trellier, G.
Tremel, G.
Trent, E.
Trentemont, J.
Treujacque, G.
Treyve.
Triard, R.
Triau.
Tricot, J.
Trihout, N.
Trillot, N.
Trinité, P.
Trinquet, J.
Trinquoire.
Trion-Biodat.
Triquoire, U.
Troadec, P.
Troccaz, J.
Trochet, P.
Troismoulin, D.
Trolard.
Tromeret, A.
Tronca, A.
Tronde.

Tronel, G.
Trony, J.
Troquet, H
Troublet, E.
Trouillard.
Troupel, G.
Troupelard.
Troussard, P.
Trousset.
Trouve, A.
Trouvé, (3).
Trouzier, F.
Trubert, M.
Trucquet, H.
Trufy, C.
Trulet, M.
Trumelet, J.
Truquette, H.
Tucdé, J.
Tuchard, A.
Tuge, J.
Tuguy, J.
Tulanne, E.
Turc, P.
Turquet.
Tusselin, P.

Uleza, A.-J.-P.
Ureau, A.

Vaca, J.-A.
Vaché, J.
Vacher.
Vaillan, J.
Vaillant, (3).
Val, E.
Valade, (2).
Valadier, E.
Valdin-Vandel.
Valdin-Vendel.
Valentin, A.
Vales, E.
Valet, F.
Valette, E.
Vallat, L.
Vallé, (2).
Vallée.
Valette, (3).
Valin, A.
Vallier.
Vallon, A.
Vanhœsebroune.
Van-Mullen, A.
Vannier.
Varde, L.
Vardon, A.

Varenne, B.
Varin, A.
Varlet, Ch.-N.
Vasnier, H.
Vasquel.
Vassal, (2).
Vasseur, H.
Vatin-Leuven,
Vauboury.
Vauclair, J.
Vaudant, L.
Vautier, J.-B.
Vauthier.
Vautrin, C.
Vavasseur, A.
Vavre.
Veaumoriu.
Veber, H.
Veillard, C.
Veillet.
Vejus, J.-J.
Velrelle, L.
Velset, J.
Vencenti, J.
Vendé, P.
Veneley, L.
Ventre, O.
Verang, H.
Verchen, C.
Verdier, J.
Verdure, E.
Verel, H.
Veret, J.
Vergeat, P.
Vergnaud.
Vergnot, A.
Veri, E.
Verigneux, A.
Verlet, A.
Verin, J.
Vermaut, A.
Vernalier, E.
Verneau, A.
Vernet, (2).
Verneu, J.
Verniel, J.
Vernoix, J.
Verpy.
Verray, A.
Verre, E.
Verrier, (2).
Versen, C.-V.
Versin, N.
Vertout, (2).
Vertuz, A.
Vésinot, D.

Vessier, (2).
Vetu, C.
Veuillet, M,
Veyron, X.
Vial.
Viala, (2).
Vialat.
Vialle, J.
Viard, C.
Viastinais,
Viau, L.
Viaux, A.-C.
Vicard, A.
Victor, J.-C.
Vidal, (6).
Vidé, F.
Viel, L.
Viélard, C.-L.
Viellard.
Vielliet, L.
Vielweber, F.
Viener, C.
Vienne.
Viennot.
Viessier.
Vigier, (3).
Vignan, A.
Vignaud, J.
Vignec, E.
Vigneral, Cte de
Vignoble, A.
Vignolet, (2).
Vigoureux, A.
Viguet, P.
Viguier, J.
Vilain, E.
Vilaine, G.
Vilhem, G.
Villamy, A.
Villant.
Villard, L.-F.
Villegoureix, A.
Villemain, A.
Villemaire, J.-B.
Villemin, M.-A.
Villegouroix.
Villette, A.
Villiaumé, L.
Vimon, F.
Vinatier, F.
Vincent, (5).
Vinian, J.
Vinit-Dunaud.
Vintroll, C.
Violet, (2).
Vion, (2).

Viot, J.	Vuillemin, H.	Williamson.
Viou.	Vuimmot, J.	Wisser, L.
Vioud.	Vulle, J.-E.	Wolf, J.
Virdin.		Wolff, P.
Viret, B.	Wach, J.	Worel, A.
Virgoulet, J.	Waller.	
Vissière, J.	Wargnier, F.	Xayer, J.-A.
Vitasse, L.	Wargny, M.	
Vitou, M.	Wargny, M.	Yaun, J.
Vidalery, J.	Warnod, F.-C.	Yon, J.-B.
Vivier, L.	Weber, (2).	Yves, M.
Voegèle.	Webert, V.-B.	Yvoire, J.
Voinché, C.	Weis, F.	
Voirin, J.	Weller, J.	Zahm, A.
Voisin, (3).	Wesler.	Zailler.
Volant, B.	Whinsemer, G.	Zezequel, P.
Vomme, A.	Wichet, J.	Zieberien, J.
Vother, J.-B.	Wierre.	Zimmer, (2).
Vucher, B.	Wilhem, (3).	Zvilling, G.

Nous n'avons pas la prétention de donner ici une liste complète et détaillée de tous les militaires de l'armée, des corps francs et des hospitaliers blessés durant le siége de Paris. Nous nous sommes bornés à donner une liste scrupuleusement alphabétique de tous ceux dont les noms ont été centralisés par la *Société française de Secours aux blessés des armées ;* notre cadre limité ne nous a pas permis d'ajouter les indications de régiment, du genre de blessures, du lieu d'ambulance où ces militaires ont été soignés, etc., etc., mais nous informons nos lecteurs qu'ils peuvent se procurer ces détails au siége de la Société, 24, rue de Courcelles et 18, rue Roquépine. *S'adresser au Bureau des Renseignements.* — *N. B.* L'indication numérique entre parenthèses dont nous faisons suivre plusieurs noms indique qu'il y a *deux, trois, quatre, etc.,* blessés du même nom.

SALON LITTÉRAIRE NATIONAL

OU

CABINET DE LECTURE DE TOUT LE MONDE

30,000 volumes Français & Étrangers

EN ABONNEMENT DE LECTURE

Les Bureaux sont ouverts de 8 heures à 10 heures du matin, et de 3 heures à 9 heures du soir; le Dimanche : de 9 heures à 11 heures du matin.

Les livres sont **portés au domicile** des abonnés qui en font la demande.

Un Bulletin bibliographique mensuel est distribué **gratuitement** aux abonnés du *Salon littéraire national.*

AVIS. — La direction du SALON LITTÉRAIRE NATIONAL se charge, pour ses lecteurs seulement, de toutes commissions de librairie, papeterie, reliure, etc., avec des avantages exceptionnels, que l'expérience fera apprécier.
Elle se charge également de rechercher les livres anciens, rares et difficiles à trouver.

EXTRAIT DU PROSPECTUS

30,000 volumes *français* et *étrangers* forment aujourd'hui le noyau de la bibliothèque du SALON LITTÉRAIRE NATIONAL et sont mis à la disposition des abonnés; les acquisitions faites par la direction viendront grossir ce chiffre, déjà considérable, d'environ 1,000 volumes par année.

Un *Catalogue général* par ordre méthodique de matières et par ordre alphabétique des noms d'auteurs, et des titres des ouvrages, rédigé avec le concours des meilleurs bibliographes, est en préparation et paraîtra très-prochainement. Ce catalogue, composé d'environ 700 à 800 pages in-8, et dont le prix en librairie, est fixé à 8 francs, sera distribué aux abonnés au prix de **deux francs**.

Les abonnés recevront tous les mois un *Bulletin bibliographique* (supplément au catalogue), où les livres nouveaux et toutes les brochures d'actualités seront sommairement analysés.

Ces livres et brochures seront immédiatement acquis par le SALON LITTÉRAIRE au nombre de 6, 12, 25, 50 exemplaires et plus; et toujours proportionnellement au nombre des lecteurs : de façon que chaque abonné demandant un de ces ouvrages soit immédiatement servi, et que, dans le cas où tous les exemplaires seraient enlevés le même jour, le retard occasionné n'excéderait pas vingt-quatre heures ou quarante-huit heures au maximum.

Lorsqu'un abonné désirerait avoir communication d'un ouvrage qui ne serait pas porté sur le *Catalogue général* ou sur un des *Bulletins suppléments*, l'acquisition en sera faite, s'il y a lieu, pour satisfaire cet abonné.

Les dames trouveront dans la bibliothèque des ouvrages s'adaptant à leurs goûts et à leurs occupations, tels que journaux de modes, albums de musique, etc. — Pour les enfants et les adolescents il a été réuni 5 à 600 volumes appropriés à leur usage : livres élémentaires, moraux, récréatifs livres à gravures, etc.

On fera des abonnements pour la campagne, la province et l'étranger. Ces abonnés recevront les nouveautés comme à Paris. — Caisses de 25 ou 50 volumes. — S'adresser, par lettre affranchie, pour les conditions, à la direction, du SALON LITTÉRAIRE NATIONAL, 1, rue Méhul, à Paris.

Souvent le lecteur n'a ni le temps ni les moyens de venir choisir et prendre lui-même ou d'envoyer prendre les ouvrages dont il a fait choix sur le *Catalogue général* ou sur un des *Bulletins suppléments*. Dans ce cas, la direction se charge de faire *porter les livres à domicile* dans tout Paris, moyennant la modique rétribution de *cinq centimes par volume* (port et report). Des circulaires tout imprimées et pareilles à celles encartée dans le présent Bulletin seront distribuées à cet effet, et le lecteur qui désirera ne pas se déranger pourra *remplir les blancs, affranchir, jeter à la poste et recevra dans les vingt-quatre heures le ou les ouvrages demandés.*

Un grand nombre de collections importantes : encyclopédies, répertoires, dictionnaires, recueils de tous genres sont à la disposition des abonnés, mais ne pourront être consultés que sur place.

Parmi ces ouvrages, nous citerons :

Le *Recueil de historiens des Gaules et de la France*, (Dom BOUQUET). 23 vol. gr. in-fol.

Histoire littéraire de la France (PAULIN PARIS), 25 vol. in-8.

La *Biographie universelle* de MICHAUD, 45 vol. in-8.

La *Nouvelle biographie générale* (P.-F. DIDOT), 46 vol. in-4.

Le *Dictionnaire des arts et manufactures* (Ch. LABOULAYE), 2 vol. gr. in-4.

L'*Annuaire Didot-Bottin.* (Adresses.)

Dictionnaires de la langue française (de E. LITTRÉ, BESCUERELLE, etc., etc.)

France littéraire (de QUÉRARD et BOURQUELOT), 20 vol. gr. in-8,

Manuel du libraire et de l'amateur des livres (BRUNET), 6 vol. gr. in-8.

Dictionnaires, Répertoires et Encyclopédies d'histoire, de *géographie, des sciences, d'histoire naturelle, des beaux-arts, des contemporains, politiques, héraldiques, biographiques, bibliographiques,* etc. — Les meilleurs Dictionnaires *de langues,* etc.

Bref, l'ouvrier, le commerçant, le petit rentier, l'homme du monde, le journaliste, le savant, le critique, etc., pourront tour à tour venir chercher sur les rayons du *Salon littéraire national* des délassements à leurs occupations, des jouissances pour leur esprit, des éléments pour leur études, etc. et rencontreront toujours, en la personne du directeur, un guide obligeant et prêt à tous les sacrifices pour satisfaire les abonnés et les engager à propager cette œuvre patriotique et toute de dévouement.

Prix & conditions d'abonnement.

Par an.	. . .	**18** fr.	. » c.	Par mois.	. . . . .	2 fr. » c.
Par six mois.	.	**9**	»	Location au volume .	»	**10**
Par trois mois .		**5**	»	Id. à la brochure.	»	**05**

Abonnement au **Bulletin** seul, 5 francs par an.

www.ingramcontent.com/pod-product-compliance
Ingram Content Group UK Ltd.
Pitfield, Milton Keynes, MK11 3LW, UK
UKHW010915160726
13695UKWH00007B/1953